Anselm Grün

Lebensfragen

Orientierung und Sinn
in schwierigen Situationen

Herausgegeben von Rudolf Walter

HERDER

FREIBURG · BASEL · WIEN

HERDER spektrum Band 6774

MIX
Papier aus verantwor-
tungsvollen Quellen
FSC® C083411
www.fsc.org

© Verlag Herder GmbH, Freiburg im Breisgau 2015
Lizenzausgabe Herder
www.herder.de

Satz: Barbara Herrmann, Freiburg
Umschlaggestaltung: Designbüro Gestaltungssaal
Umschlagmotiv: © dpa Picture-Alliance / Bodo Marks
Herstellung: CPI books GmbH, Leck

Printed in Germany

ISBN 978-3-451-06774-7

INHALT

VORWORT

Mit vielen Menschen, die ich begleite, spreche ich über Probleme, mit denen sie in ihrem Leben konfrontiert sind und über Fragen, die sie bewegen oder bedrängen. Menschen, die ich gar nicht kenne, schreiben mir zu Themen, die mit ihrer eigenen inneren Befindlichkeit zu tun haben oder die mit Krankheit und dem Tod lieber Menschen aufkommen und sie belasten. Ich versuche, mich in die Menschen einzufühlen und ihnen die Antwort zu geben, die in mir auftaucht. Meine Antworten wollen nicht als Ratschlag im Sinne einer konkreten Handlungsempfehlung oder als Rezept für die Lösung eines Problems verstanden werden, sondern als Einladung, die eigene Situation mit anderen Augen anzuschauen und den Sinn der eigenen Erfahrung zu entdecken.

Jeder Mensch ist einmalig. Und jeder macht seine ganz persönlichen Erfahrungen. Dennoch stellen viele Menschen ähnliche Fragen. Daher wage ich es, die vielen Fragen, die mir konkrete Menschen gestellt haben, und ihre Antworten in einem Buch zu veröffentlichen. Die Fragen habe ich in meinem Brief „einfach leben" beantwortet, auch wenn für die Veröffentlichung sichergestellt wurde, dass die Menschen, die hier sprechen, anonym bleiben. Die Resonanz hat gezeigt, dass viele andere sich in diesen Fragen und Antworten wieder finden. So vertraue ich auch jetzt darauf, dass Leser und Leserinnen auch dieses Buches etwas Überlegenswertes für sich mitnehmen können. Dabei geht es natürlich nicht darum, die Antworten als Lösungen für die eigenen Probleme ohne eigenes Nachdenken zu übernehmen. Vielmehr wäre es angemessen, beim Lesen der Fragen und Antworten in sich selbst hinein zu horchen und zu spüren: Was lösen diese Erfahrungen und diese Worte anderer bei mir aus? Kenne ich in mir ähnliche Fragen? Würde ich mir selbst die gleiche Antwort geben? Oder würde ich die Antwort nur anderen geben, bei mir selbst aber zögern, ob die Antwort wirklich stimmig für mich ist? Was löst die Antwort bei mir aus? Erzeugt sie inneren Widerstand? Oder bestätigt sie mein eigenes Denken und Fühlen? Formuliert sie etwas, was ich auch in mir selbst kenne, mir aber oft nicht eingestehe? Oder bleibt mir die Antwort fremd und unverständlich?

Täglich stellt uns das Leben neue Fragen, ohne dass wir sie uns aussuchen. Und täglich sind wir herausgefordert, auf diese Fragen eine je eigene und ganz persönliche Antwort zu finden. Dieses Buch möchte Sie dabei unterstützen. Es möchte Ihnen Vertrauen schenken, dass Sie Ihrem eigenen Gespür folgen dürfen. Ihre Seele weiß, was für Sie gut ist. Aber um zur Weisheit der Seele vorzudringen, ist es gut, inne zu halten, nach innen zu schauen, still zu werden und sich von allen Meinungen und Vorschlägen zu lösen, die andere mir geben. In der Stille und im Grund meiner Seele liegt die Antwort für meine Fragen bereit. Die Antworten, die ich in diesem Buch gebe, wollen Sie in diesem Sinn mit der Weisheit Ihrer Seele in Berührung bringen, damit Sie dem eigenen Gewissen, dem eigenen inneren Ratgeber folgen und den Weg gehen, der Sie in größere Lebendigkeit, Freiheit, Frieden und Liebe hinein führt.

1. BERUF und ARBEIT –
Der Druck, die Chefs, der Stress

Unsere Welt und unsere Gesellschaft sind im Umbruch. Auch die Situation in der Arbeitswelt ist davon betroffen. Sie ist heute von einem wachsenden Druck, von harter Konkurrenz und steigenden Leistungsanforderungen und gleichzeitig von vielen Unsicherheiten gekennzeichnet. Auf der einen Seite nehme ich wahr, dass sich viele Unternehmer um ein gutes Arbeitsklima bemühen und dass sie bereit sind, Werte in der Firma zu leben. Auf der anderen Seite höre ich aber auch viele Klagen über ein immer rauer werdendes Arbeitsklima und über den Druck, dem sich viele ausgesetzt fühlen. Ich versuche auf die Fragen persönlich zu antworten und Wege aufzuzeigen, wie der einzelne mit der Situation in der Arbeit umgehen könnte. Es geht aber nicht nur um die innere Einstellung und das Verhalten von Einzelnen. Die Fragen sind zugleich eine Herausforderung, die Situation in der Arbeitswelt zu verändern. Nicht nur die Arbeitnehmer müssen versuchen, mit der Situation zurecht zu kommen. Auch die Führungskräfte müssten sich Gedanken machen, wie sie ein menschliches Arbeitsklima schaffen könnten. In den 36 Jahren, in denen ich als Cellerar für die Verwaltung der Abtei zuständig war, war es mir wichtig, ein Arbeitsklima zu schaffen, in dem Menschen gerne arbeiten. Das ist ein wichtiger Dienst an den Mitarbeitern und an ihrer Gesundheit – und damit auch an einer menschlicheren Gesellschaft.

Meine Arbeit nimmt mich ganz in Beschlag. Bis in den Abend hinein kreisen meine Gedanken darum: Habe ich alles erledigt? Und bis in den Schlaf hinein bin ich besetzt von der Frage: Habe ich alles richtig gemacht? Und immer wieder wirkt der Ärger in mir nach über den Kollegen, der mich verletzt hat, über den Chef, der mich nicht beachtet, obwohl ich mich mehr als hundertprozentig für die Firma einsetze.

Wie komme ich aus diesem Hamsterrad heraus?

Sie brauchen ein gutes Ritual am Ende Ihrer Arbeit. Rituale schließen eine Tür und öffnen eine Tür. Sie müssen zuerst die Tür der Arbeit schließen, damit sich die Tür Ihres Zuhauses auftut und Sie wirklich dann ganz daheim sind, ohne noch halb bei der Arbeit zu sein. Das Ritual könnte so aussehen, dass ich den Heimweg benutze, um die Arbeit hinter mir zu lassen und mich innerlich auf die Familie einzustellen. Oder ich halte kurz inne, bevor ich die Firma verlasse, und versuche, im Ausatmen alles loszulassen, was hier war. Wenn ich die Tür der Firma schließe, stelle ich mir vor, dass ich die Probleme der Arbeit hier in der Firma lasse und nicht mit nach Hause nehme. Aber Sie brauchen auch eine neue innere Einstellung zur Arbeit. Sie versuchen, alles richtig zu machen. Aber Sie grübeln nachher nicht mehr nach, ob Sie auch alles richtig gemacht haben. Wenn Sie doch einmal nachgrübeln, dann fragen Sie sich: Warum grüble ich eigentlich über das Vergangene nach? Ist es mir so wichtig, alles immer richtig zu machen? Kann ich durch mein Nachdenken noch etwas am

Vergangenen ändern? Indem Sie so fragen, können Sie Gott um Segen bitten. Gott möge alles, was Sie getan und entschieden haben, segnen und zum Segen werden lassen. Es hängt nicht alles von Ihnen ab. Überlassen Sie Ihre Arbeit Gott und vertrauen Sie darauf, dass Gott aus allem noch das Beste machen kann. Lassen Sie sich also von Ihrer Unfähigkeit, die Arbeit loszulassen, dazu einladen, sich mit allem, was Sie tun, Gott zu überlassen und sich Gottes Segen anzuvertrauen.

Ein gutes Ritual zur Distanzierung ist hilfreich. Aber Sie brauchen auch eine neue innere Einstellung zur Arbeit.

*I*ch leide an chronischem Schlafmangel. Ich habe Angst, mein Leben nicht mehr zu schaffen und in der Arbeit Fehler zu machen. Mein Tag ist randvoll mit Aufgaben, ich hinke allem nur hinterher. Und ich habe Angst vor dem burn-out. Was soll ich machen?

Ich habe nicht mehr genug Kraft für den Alltag.

Zunächst wäre es wichtig, dass Sie sich einen guten Rhythmus angewöhnen. Setzen Sie die Zeit fest, in der Sie zu Bett gehen und wann Sie aufstehen. Ob Sie dann in dieser Zeit immer gut schlafen können oder nicht, ist nicht so wichtig. Wenn Sie nicht schlafen können, dann meditieren Sie entweder oder entspannen sich einfach in Gott hinein. Methoden wie das autogene Training oder Eutonie oder Muskelentspannung können dabei helfen. Dann werden Sie sich schon erholen, selbst wenn Sie nicht schlafen. Der zweite Schritt wäre: Vertrauen Sie auf die innere Quelle der Kraft, die in Ihnen ist. In Ihnen ist die Quelle des Heiligen Geistes. Wenn Sie aus der schöpfen, werden Sie nicht ausbrennen. Denn diese Quelle ist unerschöpflich. Das ist kein billiger Trick. Sie können aus dieser inneren Quelle nur schöpfen, wenn Sie das eigene Ego loslassen. Sie sollen nicht ängstlich auf das Ego schauen, ob es alle Erwartungen Ihrer Umgebung erfüllen kann. Sie lassen sich einfach auf das Leben ein und vertrauen darauf, dass Sie aus dieser inneren Quelle heraus leben. Auch wenn Sie nach außen hin müde sind, können Sie sich trotzdem den Herausforderungen des Alltags stellen, wenn

Sie aus dieser Quelle schöpfen. Ein dritter Schritt: wenn Sie tagsüber müde sind, dann legen Sie sich für 15 oder 20 Minuten auf das Bett, genießen Sie die Müdigkeit und die Schwere des Leibes. Stellen Sie sich den Wecker. Und dann stehen Sie nach 20 Minuten wieder auf. Sie werden sehen, dass Sie dann den Rest des Tages gut bewältigen.

Ein guter Rhythmus kann helfen. Aber auch das Vertrauen, dass Sie aus einer inneren Quelle heraus leben, aus einer Kraft, die in Ihnen selber ist.

*I*ch habe eine gute Firma. Ich verstehe mich mit meinen Mitarbeitern gut. Wir ziehen alle gemeinsam am gleichen Strang. Doch durch die Immobilienkrise und Finanzkrise ist der Markt, auf dem wir tätig sind, um 70 % eingebrochen. Wie soll ich meine Firma da weiter führen? Ich habe Angst, dass ich es nicht schaffe. Ich habe soviel Kraft und Energie in diese Firma investiert, dass wir ein menschliches Klima in der Firma haben. Jetzt soll all das scheitern. Ich habe soviel Herzblut hineingesteckt.

Ich weiß nicht mehr weiter.

Da ich die wirtschaftliche Situation nicht genügend einschätzen kann, kann ich Ihnen nicht raten, was Sie da an äußeren Maßnahmen treffen können. Auf jeden Fall würde ich die Hoffnung nicht aufgeben, dass Sie es doch noch schaffen. Ich würde jedoch mit den Mitarbeitern sprechen und ihnen die Situation darlegen. Und ich würde sie fragen, was ihnen zur Situation einfällt. Vielleicht sind sie bereit, eine zeitlang eine Kürzung des Lohns hinzunehmen. Vielleicht fallen ihnen auch kreative Lösungen ein. Auf jeden Fall sitzen dann alle gemeinsam im Boot und können mit gemeinsamer Anstrengung das Boot durch die Wellen der Krise führen.

Allerdings ist es auch wichtig, die Augen nicht vor der Realität zu verschließen. Wenn trotz aller Bemühungen ein Fortbestehen der Firma nicht möglich ist, müssen Sie sich auch mit dem Gedanken des Scheiterns vertraut machen. Was macht das mit Ihnen, wenn Sie als erfolgreicher Unternehmer jetzt auf einmal als Gescheiterter dastehen? Wie gehen Sie mit Ihren Mitarbeitern um, die soviel Hoffnung auf Sie gesetzt haben? Und wie gehen Sie mit dem Gerede der Menschen um, die natürlich schon längst gewusst haben, dass die Firma scheitern wird?

Ich selber werde nicht zerbrechen. Trotz aller Zweifel und Ängste – die Hoffnung lässt auch eine innere Freiheit spüren.

Wenn Sie sich diesen Fragen stellen, dann werden Sie die spirituelle Herausforderung spüren. Vielleicht werden Sie trotz aller Zweifel und Ängste auch eine innere Freiheit spüren. Wenn es keinen anderen Weg gibt, dann kann auch das äußere Scheitern mich nicht zerbrechen. Es wird zwar mein Image zerbrechen, das ich aufgebaut habe. Und meine Vorstellungen vom Leben werden zerbrechen. Aber ich werde nicht zerbrechen. So wünsche ich Ihnen den Engel der Hoffnung, der nie aufgibt, dass Sie bei all den Überlegungen den Weg finden, der Sie und Ihre Mitarbeiter in eine neue Lebendigkeit und Freiheit führt.

Die Arbeit in meiner Firma strengt mich so an, dass ich nicht mehr genügend Energie habe, daheim für die Familie zu sorgen. Ich laufe ständig mit einem Gefühl herum, für meine Kinder und für meinen Mann nicht genügend Zeit und vor allem nicht genügend psychische Kraft zu haben, um mich ihnen ganz zuwenden zu können. Ich werde immer dünnhäutiger.

Wie gehe ich mit dem schlechten Gewissen um?

Zunächst sollten Sie genau analysieren, was Sie so anstrengt. Ist es die Menge der Arbeit? Sind es die unklaren Verhältnisse in der Firma? Sind es die vielen Entscheidungen, die Sie treffen sollen? Oder ist es der Druck, der Ihnen von der Firmenleitung entgegen kommt? Wenn Sie die genaue Ursache erkannt haben, können Sie sich überlegen, wie Sie anders auf den Druck, auf die Unklarheit, auf die Erwartungen von außen reagieren können, ohne dass Sie sich unter Druck setzen. Und Sie sollten schauen, wo Sie sich abgrenzen und schützen müssen. Wenn Sie nach Hause kommen, dann schließen Sie bewusst die Tür der Arbeit. Betrachten Sie Ihre Hinwendung zu den Kindern nicht als Arbeit. Freuen Sie sich vielmehr darauf, dass Sie eine Familie haben, dass die Kinder andere Aspekte in Ihr Leben bringen. Sie sollen nicht mit einem schlechten Gewissen herum laufen. Sie sollen gar nicht so viel für Ihre Kinder und Ihren Mann tun. Sie sollen einfach nur dasein. Es geht nicht um die Quantität, sondern um die Qualität der Zeit, die Sie mit Ihren Kindern verbringen.

Sie sollten versuchen, dann ganz da zu sein, wenn Sie in der Familie sind, und alle Sorgen um die Arbeit in der Firma loszulassen. Vertrauen Sie darauf, dass Sie so, wie Sie sind – ohne dass Sie viel leisten – ein Segen sind für Ihre Familie. Sie geben, was Sie können. Beten Sie darum, dass das, was Sie geben, für die Kinder zum Segen wird, dass es sie heraus fordert, die eigenen Kräfte in sich zu entwickeln. Wenn Sie sich dünnhäutig fühlen, dann sorgen Sie besser für sich selbst. Umarmen Sie sich selbst. Nehmen Sie das verletzte und dünn-häutige innere Kind in Ihre Arme und gehen Sie liebevoll damit um. Er-lauben Sie sich, so zu sein, wie Sie sind. Aber vertrauen Sie zugleich darauf, dass Gottes heilende Nähe Sie um-gibt und Sie bewahrt vor der bedrängenden Nähe der Menschen, von ihren Ansprüchen und Erwartungen.

> Klären sie zunächst genau, was Sie so anstrengt. Erlauben Sie sich, so zu sein, wie Sie sind. Und sorgen Sie gut für sich selbst.

*I*n meiner Arbeit schiebe ich alles Unangenehme immer vor mich her. Aber ich gehe dann immer unter innerem Druck in die Arbeit. Der Druck ist umso stärker, weil ich weiß, dass da noch so viel Unerledigtes auf mich wartet.

Wie kann ich es lernen, die Dinge besser anzupacken?

Zunächst: Was hindert Sie daran, unangenehme Dinge anzupacken? Denken Sie darüber einmal nach. Wovor haben Sie Angst? Glauben Sie, das schwierige Problem nicht lösen zu können? Oder ist es die Angst vor der Konfrontation mit einem Menschen, dem Sie etwas zumuten müssen? Wissen Sie einfach noch nicht, wie Sie das Problem angehen können? Oder ist es Ihr Perfektionismus, der Sie daran hindert, etwas anzupacken? Wenn Sie sich über die Widerstände klar sind, die Sie daran hindern, die Dinge gleich zu erledigen, dann können Sie sich vorstellen: Was geschieht denn, wenn ich es gleich anpacke? Meistens entsteht dann in uns ein Gefühl von Erleichterung. Wenn wir die Dinge gleich erledigen, dann haben wir den Kopf frei für das, was gerade ansteht. Was könnte passieren, wenn ich keine Lösung finde? Dann kann ich guten Herzens sagen: Das ist nicht lösbar und wir müssen uns davon verabschieden, uns mit diesem Problem zu befassen. Oder es sind aber erst andere Voraussetzungen zu klären. Manchmal kann es auch eine Hilfe sein, sich die Aufgaben, die vor einem liegen, aufzuschreiben und eine nach der anderen in die Hand zu nehmen und dann einen Haken drunter zu machen. Das wird Ihnen sicher gut tun.

Und sagen Sie sich, wenn Sie in die Arbeit gehen: Eins nach dem andern. Zuerst die wichtigen Dinge, dann die leichteren. Und gehen Sie dann mit dem Gefühl an die schwierigen Aufgaben, dass Gott Ihnen den Rücken stärkt und das segnet, was Sie in die Hand nehmen.

Eins nach dem andern. Zuerst die wichtigen Dinge, dann die leichteren. Wenn wir die Dinge gleich erledigen, haben wir den Kopf frei für das, was gerade ansteht.

*D*er Chef hat mich für die nächsten Tage zu einem Gespräch bestellt, um mit mir über die Arbeit zu sprechen. Ich habe jetzt schon Angst, dass er mich kritisiert. Und ich habe Angst, dass ich mich vor ihm blamiere, indem ich nicht weiß, wie ich antworten soll. Ich habe Angst, unsicher zu wirken und fürchte, dass ich in Tränen ausbrechen werde, wenn er mich kritisiert. Dabei weiß ich, dass „Empfindlichkeit" überhaupt nicht gut ankommt und nur neue Negativpunkte bringt.

Am liebsten würde ich mich krank melden, um dem Gespräch aus dem Weg zu gehen.

Aus dem Weg gehen, das ist sicher keine Lösung. Denn dann würde das Gespräch später stattfinden und Sie würden weiter und noch länger ständig mit der Angst leben. Setzen Sie sich ruhig hin und versuchen, sich selbst im Atem zu spüren. Stellen Sie sich vor: Ich bin ganz im Einklang mit mir selbst. Ich spüre mich in meinem Leib. Ich bin ganz bei mir. Und dann stellen Sie sich vor, dass der Chef mit Ihnen redet. Wie würden Sie auf seine Kritik reagieren, wenn Sie ganz bei sich selbst wären, ganz im Einklang mit sich? Wenn Sie bei dieser Vorstellung nervös werden, versuchen Sie wieder, mit sich selbst in Berührung zu kommen, sich einfach zu spüren, bei sich zu sein. Dann stellen Sie sich nochmals vor, dass der Chef Sie anspricht. Sie lassen sich dann nicht gleich aus Ihrer Mitte heraus reißen. Sie hören zu, nehmen auf, was er sagen möchte. Und dann hören Sie in sich hinein. Welche Antwort steigt da in Ihnen auf? Und stellen Sie sich vor, dass der Chef kein Feind ist, sondern dass er seine Bedürfnisse und Probleme hat. Die darf er auch haben. Versuchen Sie, trotz allem an den guten Kern im Chef zu glauben. Dann werden Sie anders ins Gespräch gehen. Und beten Sie um den Segen Gottes für das Gespräch. Stellen Sie sich vor, dass Gottes Segen den Chef durchdringt und dass Sie selbst vom Segen Gottes umgeben sind. Vertrauen Sie darauf, dass Gottes Segen dem Gespräch einen guten Verlauf geben wird. Dann wird sich Ihre innere Stimmung verwandeln. Und Sie werden anders ins Gespräch hinein gehen.

Stellen Sie sich vor: Ich bin ganz im Einklang mit mir selbst. Ich spüre mich in meinem Leib. Ich bin ganz bei mir.

Wie soll ich mich verhalten? Ich bin Lehrerin und liebe meinen Beruf und die Kinder. Aber in letzter Zeit verbrauche ich zuviel Energie in der Beziehung zu meinem Rektor. Er ist mir gegenüber ständig misstrauisch und fordert ständig Aktionen, um unsere Schule ins rechte Rampenlicht zu rücken. Immer wieder muss ich irgendwelche Projekte durchführen, die er sich ausdenkt.

Ich sollte mich viel intensiver um meine eigenen Kinder kümmern.

Zunächst: Sie sollten Ihrem Vorgesetzten nicht soviel Macht über sich geben. Wenn Sie gut bei sich selbst bleiben, können Sie von Ihrer eigenen Mitte aus objektiver betrachten, was er von Ihnen möchte. Widersprechen Sie, wenn Sie das Gefühl haben, dass ein Aktionismus weder den Schülern noch den Kollegen dient, sondern nur auf Außenwirkung zielt bzw. Ausdruck von Profilierungssucht ist. Sie sind für sich und für Ihre Schüler verantwortlich. Natürlich können Sie keinen Machtkampf mit dem Chef führen. Aber Sie sollten sich auch nicht verbiegen. Wenn Sie Ihre Meinung klar sagen, sind Sie auch bereit zu Kompromissen. Aber sich nur zu ärgern und das zu tun, was der Chef befiehlt, tut Ihnen und dem Klima im Kollegium auf Dauer nicht gut. Vielleicht können Sie auch das persönliche Gespräch suchen. Darin können Sie ihm – ohne aggressiv zu sein – ehrlich sagen, wie es Ihnen mit seinen Anordnungen geht, wie Sie die Zukunft der Schule sehen und was ihr auf lange Sicht wirklich dient. Und sprechen Sie auch das Misstrauen an, das Sie spüren. Vielleicht empfinden Sie sein Verhalten nur als Misstrauen. In Wirklichkeit könnte es auch Unsicherheit des Rektors sein. Auf jeden Fall können beide Gesprächspartner darüber nachdenken, warum dieses Gefühl von Misstrauen auftaucht.

Bleiben Sie in Ihrer eigenen Mitte. Sich nur zu ärgern bringt nichts. Sie sollten Ihrem Vorgesetzten nicht soviel Macht über sich geben.

*I*ch fühle mich permanent überfordert, seelisch und körper-
lich. Abends komme ich immer öfter völlig erschöpft von
der Arbeit nach Hause. Dann bin ich genervt und kann mich
kaum auf meine Kinder einlassen. Die Erholung am Wochen-
ende genügt nicht, um wieder neue Kräfte zu tanken.

Ich habe Angst, zusammenzubrechen.

Zunächst würde ich mich genau beobachten und mich
fragen, warum ich erschöpft bin. Ist es wirklich die viele
Arbeit? Oder sind es die Konflikte bei der Arbeit, denen
ich mich zu wenig entziehen kann? Oder sind es meine
inneren Lebensmuster, die mich erschöpfen? Vielleicht
ist es mein Perfektionismus? Oder aber ich setze mich
ständig unter Druck. Ich möchte mich vor anderen beweisen. Diese Haltungen sind es letztlich, die schuld
sind an der Erschöpfung. Daher würde ich mir überlegen, wie ich meine Einstellung ändern kann. Ich brauche mich nicht unter Druck zu setzen. Ich tue meine Arbeit, so gut ich kann, aber ich lasse mich nicht von
anderen hetzen. Ich bin bei mir in meiner Arbeit.
Dann wird sie mich nicht so auslaugen. Gefährlich ist
immer, wenn wir uns in der Arbeit von uns selbst entfernen und unsere eigene Mitte verlieren. Dann saugt
sie uns aus und raubt uns alle Energie.

Der zweite Punkt wäre: Sie müssen die Tür Ihrer Arbeit schließen, bevor sich die Tür zur Familie öffnen
kann. Da wären gute Rituale eine Hilfe. Nehmen Sie
bewusst die Fahrt von der Arbeit nach Hause als Ritual.
Lassen Sie die Arbeit los. Lassen sie sie dort, wo sie ge-

schehen ist. Stellen Sie sich die Familie vor, die Sie erwartet. Freuen Sie sich, dass Sie daheim nicht arbeiten müssen. Sie lassen sich auf die Kinder ein, spielen mit ihnen. Das kann erholsam sein. Sie erleben sich selbst anders dabei. Stellen Sie sich vor, dass die Familie ein Raum der Freiheit und der Liebe ist. Dann betreten Sie gerne Ihr Haus.

Es wird immer gefährlich, wenn wir uns in der Arbeit von uns selbst entfernen und unsere eigene Mitte verlieren.

Und sie fühlen sich von den Bildern, die Sie mit Ihrem Haus verbinden, schon erfrischt und gestärkt.

Der dritte Punkt: Überlegen Sie sich, was Ihnen gut tut, wo Sie sich entspannen können, wo Sie einfach nur da sind, ohne sich unter Druck zu fühlen. Und dann halten Sie sich jede Woche die Zeit frei, das zu tun, was Ihr Herz wünscht: entweder einen Spaziergang zu machen, oder sich in die Kirche zu setzen oder ein Buch zu lesen oder einen Abend in die Gymnastik gehen.

*I*mmer wieder ertappe ich mich dabei, dass ich bei der Arbeit Fehler mache. Das ärgert mich. Ich strenge mich an, aber es passiert mir immer wieder. Immer entschuldigen für meine Fehler möchte ich mich auch nicht. Ich habe Angst, dann abgestempelt zu werden. Wie gehe ich damit um?

Am liebsten würde ich es vertuschen, aber das geht nicht.

Sie werden die Fehler nicht verhindern, wenn Sie sich und alles, was Sie tun, kontrollieren. Wer sein Leben unter Kontrolle bringen will, dem wird es außer Kontrolle geraten. Das Kontrollieren würde Sie nur verkrampfen und die Verkrampfung führt dazu, dass wir erst recht Fehler machen. Beobachten Sie sich, wenn Sie einen Fehler machen. Schauen Sie einfach, was da in Ihnen abläuft. Vielleicht sind Sie in Gedanken woanders. Entweder Sie träumen von daheim, oder sie sind bei einem Konflikt oder Problem, das Sie belastet. Vielleicht Sie sind zu sehr bei Ihrem Chef. Dann sind Sie auch nicht bei sich. Wichtig wäre, dass Sie sich auf die Arbeit konzentrieren und all das Störende loslassen. Setzen Sie sich nicht unter Druck, sondern stellen Sie sich vor, dass Sie gerne diese Arbeit machen. Und Sie machen sie so gut Sie es können. Wenn Sie in dieser inneren Gelassenheit und Achtsamkeit an die Arbeit gehen, werden Ihnen weniger Fehler passieren. Unterläuft Ihnen dann doch ein Fehler, dann fragen Sie sich: Was kann ich daraus lernen? Wenn Sie dann auch vor anderen zu dem Fehler stehen, werden Sie bei Ihren Kollegen an Achtung gewinnen. Sie dürfen sich aber bei einem Fehler nicht selber klein machen oder sich tausendmal entschuldigen. Sie stehen zu dem Fehler und Sie versuchen, daraus zu lernen. Wenn Sie einem anderen geschadet haben, dann können Sie sich entschuldigen. Sie werden keine Verurteilung erfahren.

> Wer sein Leben unter Kontrolle bringen will, dem wird es außer Kontrolle geraten. Gelassenheit und Achtsamkeit sind hilfreicher.

Mein Vorgesetzter nimmt mich gar nicht wahr. Nur wenn er mich braucht, geht er auf mich zu. Aber dann hat er immer einen Wunsch und meint, den müsse ich sofort erfüllen. Ich fühle mich nicht ernst genommen. Ich ärgere mich, dass er so wenig sensibel ist für seine Mitarbeiter, dass er mich so unsensibel behandelt. Ich nehme den Ärger mit nach Hause und denke ständig über Lösungen nach. Ich bin aber nicht sicher, ob Kündigung ein Ausweg wäre.

In meinem Alter findet man nicht mehr so leicht eine andere Arbeit.

Das Verhalten Ihres Chefs ist objektiv nicht gut. Es zeigt, dass er nicht in Beziehung ist zu seinen Mitarbeitern. Sie ärgern sich, dass er Sie übersieht. Doch zugleich geben Sie ihm Macht über sich. Sie machen Ihr Wohlbefinden von seinem Verhalten abhängig. Nehmen Sie die Kraft des Ärgers, um den Chef aus sich heraus zu werfen. Sagen Sie sich: So wichtig ist er nicht, dass ich ständig über ihn nachdenke. Die Ehre erweise ich ihm nicht, dass ich mein Abendessen von ihm stören lasse. Ich erteile ihm innerlich Hausverbot: Daheim denke ich nicht mehr über ihn nach. Denn so wichtig ist er nicht, dass es sich lohnt, sich ständig mit ihm zu beschäftigen. Nehmen Sie den Ärger als Impuls, Ihre eigene Arbeit zu tun und sich selbst zu loben, dankbar zu sein, wenn Ihnen etwas gelingt. Dann brauchen Sie nicht die Anerkennung des Chefs. Sie sollen dem Chef nicht nachlaufen und sich von seiner Anerkennung abhängig machen. Nehmen Sie den Ärger als Einladung, sich selbst zu spüren und bei sich zu sein, sich selbst zu genießen und frei zu sein von dem, was andere über Sie denken und sagen. Und überlegen Sie auch, ob Sie als Kind übersehen wurden. Dann ist es das übersehene Kind, das immer aufschreit, wenn der Chef Sie übersieht. Dann sollten sie das übersehene Kind in sich in den Arm nehmen und sich selber sehen. Dann macht Ihnen das Übersehenwerden vom Chef nicht mehr soviel aus.

> Nutzen Sie die Kraft des Ärgers, um den Chef aus sich heraus zu werfen. Und machen Sie sich frei von dem, was andere sagen und denken.

*I*ch arbeite in einem Altenheim. Da wird immer mehr von uns Pflegerinnen erwartet. Und wir haben immer weniger Personal. Ich möchte wegen dieser permanenten Überlastung am liebsten kündigen. Aber ich habe Angst, dass ich dann keine Arbeit finde oder vom Regen in die Traufe gerate. Ich bin unzufrieden mit meinem Leben, so wie es jetzt ist.

Wie finde ich wieder inneren Frieden?

Überlegen Sie sich genau, was Sie wirklich unzufrieden macht. Ist es wirklich die Arbeit? Oder ist es das Klima, in dem Sie arbeiten müssen? Sind es die Erwartungen ihrer Leitung? Dann überlegen Sie, wie Sie Ihre Arbeit gestalten wollen und wie Sie das Klima um Sie herum mit gestalten können. Fühlen Sie sich nicht nur als Opfer des allgemeinen Klimas im Altenheim. Überlegen Sie auch, wie Sie in diesem Klima gut überleben können. Versuchen Sie, mit dem inneren Gefühl von Freiheit in das Altenheim zu gehen. Sie sind frei. Sie müssen zwar die Pflichten einer Altenpflegerin erfüllen. Aber mit welcher Einstellung Sie auf die alten Menschen zugehen, das liegt an Ihnen. Mit welcher Einstellung Sie auf die Erwartungen Ihres Chefs reagieren, das liegt an Ihnen. Lassen Sie sich von äußeren Vorschriften nicht die Freude an der Pflege nehmen. Genießen Sie jede Begegnung mit den alten Menschen und lassen Sie sich auf jeden ein. Es kommt nicht immer auf die Zeit an, die Sie dem einzelnen alten Menschen widmen, sondern auf die Offenheit, mit der Sie auf jeden zugehen. Lassen Sie sich diese Offenheit von dem äußeren

Druck nicht rauben. Und nehmen Sie den Druck nicht absolut. Wie Sie die Akzente setzen, das liegt auch an Ihnen. Entdecken Sie den Freiraum, den Sie bei Ihrer Arbeit haben. Was Sie mit den alten Menschen sprechen, das kontrolliert keiner, wie Sie ihnen Ihr Herz zeigen, das geht niemanden etwas an. Da sind Sie frei. Wenn Sie diese innere Freiheit wieder gewinnen, dann werden Sie sich auch wohler fühlen bei Ihrer Arbeit. Dann werden Sie abends mit innerem Frieden und zufrieden nach Hause gehen.

> Entdecken Sie Ihren Freiraum. Wenn Sie Ihre innere Freiheit wieder gewinnen, dann werden Sie sich auch wohler fühlen bei Ihrer Arbeit.

*I*ch gehe schon jeden Morgen mit Magenschmerzen in die Arbeit. Die Mitarbeiter vermitteln mir, dass sie mich nicht gewollt haben, nur die Chefin habe mich eingestellt. Ich fühle mich von meinen Kollegen nicht angenommen. Ich sehe keinen Ausweg.

Die Situation im Büro macht mich krank.

Natürlich gibt es die Möglichkeit, dort zu kündigen und sich eine andere Arbeit zu suchen. Aber Sie haben keine Garantie, dass Ihr nächster Arbeitsplatz besser wird. Deshalb würde ich mir die Möglichkeit der Kündigung zwar offen halten. Das gibt Ihnen ein Gefühl der Freiheit. Ich muss hier nicht unbedingt bleiben. Aber trotzdem würde ich erst einmal versuchen, mit dieser Situation gut umzugehen. Und da wäre es wichtig, dass Sie gut bei sich selber bleiben. Wenn Sie in die Arbeit gehen, dann achten Sie nicht auf die Reaktion der Mitarbeiter. Motivieren Sie sich, mit einem guten Gefühl in die Arbeit zu gehen. Sie kommen freundlich in die Arbeit, versuchen, Ihre Arbeit so gut wie möglich zu machen. Und Sie sind freundlich zu den Mitarbeitern. Dann verlieren die Reaktionen der anderen ihre Macht über Sie. Ein anderer Weg ist: Bevor Sie in die Arbeit gehen, erheben Sie Ihre Hände zum Segen und stellen sich vor: Der Segen Gottes und auch mein eigenes Wohlwollen strömen durch meine Hände zu meinen Mitarbeitern und in die Räume, in denen ich arbeite. Dann werden Sie mit einem anderen Gefühl in die Arbeit gehen. Ein dritter Weg: Betrauern Sie, dass Sie ge-

rade diese Arbeitsatmosphäre ange-
troffen haben. Sie ist nicht ideal. Sie
haben sich etwas anderes erwartet.
Aber wenn Sie die Situation betrauern, werden Sie auch manches Positive

Achten Sie nicht auf die
Reaktion der anderen.
Motivieren Sie sich dazu,
mit einem guten Gefühl in
die Arbeit zu gehen.

daran entdecken. Und vor allem werden Sie die Arbeit
als Herausforderung erkennen, innerlich stärker, unab-
hängiger und freier zu werden. Das wird Ihnen auch in
anderen Bereichen Ihres Lebens helfen.

*D*er Chef hat seine Lieblinge, die anderen lässt er links liegen. Aber auch wenn mir das sehr zusetzt, ich fühle mich zugleich hilflos, mich für eine Änderung dieses Zustands einzusetzen. Was kann und was soll ich tun?

Ich leide darunter, dass es in unserer Firma so ungerecht zugeht.

Versuchen Sie, den Menschen, mit denen Sie selber zusammenarbeiten, gerecht zu werden, sie zu ermutigen und sie gerecht zu behandeln.

Wenn der Chef in sich ungerecht ist, können Sie nicht verhindern, dass er die Mitarbeiter in der Firma ungerecht behandelt. Aber wenn Sie sich selbst ungerecht behandelt fühlen, können Sie es ihm sagen. Allerdings wäre es gut, wenn Sie das nicht anklagend sagen, sondern eher als Information. Vielleicht merkt der Chef gar nicht, wie ungerecht er handelt. Dann gebe ich ihm mit meiner Information die Chance, sich darüber Gedanken zu machen, wie er die einzelnen Mitarbeiter behandelt. Aber Sie müssen selbst spüren: Traue ich dem Chef zu, sich in seinem ungerechten Verhalten zu ändern? Wenn Sie ihm das nicht zutrauen, sollen Sie ihn nicht ansprechen. Aber Sie können trotzdem etwas tun. Sie können versuchen, den Menschen, mit denen Sie zusammen arbeiten, gerecht zu werden und sie gerecht zu behandeln. Und Sie können gerade die, die ungerecht behandelt werden, aufrichten, indem Sie auf sie zugehen und ihnen ermutigende Worte sagen.

2. ICH UND DIE ANDEREN –
Beziehung, Erwartungen und Enttäuschungen

Wir alle sind, in den unterschiedlichsten Zusammenhängen, mit anderen Menschen verbunden und doch auch immer wieder allein auf uns gestellt. Die Balance zwischen Nähe und Distanz, zwischen Sehnsucht nach Gemeinschaft und erfüllter Selbstfindung ist eine lebenslange Aufgabe. Viele Fragen kreisen um die Beziehungen: Es geht um die Beziehung zu Freunden, zu Kollegen und zu Bekannten. Und es geht oft auch um das mangelnde Selbstwertgefühl, das die Beziehungen erschwert, und über die Empfindlichkeit, die manchmal ein Gespräch behindert. Schmerzlich sind vor allem Enttäuschungen von Menschen, die man als Freunde betrachtete und die nun ihre Schattenseiten zeigen. Auf einmal fühlt man sich von den vermeintlichen Freunden ausgenutzt, abgelehnt oder aber unverstanden. Beziehungen sind immer etwas Lebendiges. Es gibt da keine Patentrezepte. Jede Beziehung muss ich in ihrer Besonderheit anschauen und versuchen, einen Weg zu finden, der für mich stimmt.

Auch aus den Gesprächen, die ich in der geistlichen Begleitung führe, ersehe ich, dass die meisten Gespräche von Beziehungsproblemen handeln. Offensichtlich haben wir eine große Sehnsucht nach guten Beziehungen und nach einem Miteinander, das unsere Seele bereichert. Umso schmerzlicher ist es, wenn Beziehungen nicht gelingen, wenn sie in die Brüche gehen oder wenn sie sich in eine ganz andere Richtung entwickeln. Das Scheitern und die Brüchigkeit der Beziehungen ist eine Einladung, eine gute Beziehung zu mir selbst und zu Gott aufzubauen. Sie wird meine Wünsche nach einer guten menschlichen Beziehung relativieren und ins rechte Licht rücken.

Wenn ich mich mit anderen Frauen vergleiche oder eine Modezeitschrift durchblättere, habe ich immer das Gefühl, nicht schön zu sein. Obwohl ich immer wieder Anläufe gemacht habe, abzunehmen, sehe ich einfach keinen Erfolg darin. Alle Diätvorschläge haben nichts genutzt. Und mein Wille ist immer wieder zu schwach. Sobald ich etwas abgenommen habe, nehme ich schon wieder zu.

Was könnte mir wirklich weiter helfen?

Zunächst sollen Sie sich nicht mit anderen vergleichen. Sie müssen nicht irgendein Idealgewicht haben. Entscheiden Sie selber, bei welchem Gewicht Sie sich wohl fühlen. Das Maß, das Sie sich selbst setzen, muss realistisch sein. Und dann geben Sie sich ein Übungsprogramm. Das setzt an zwei Punkten an: an der Ernährung und an der Bewegung. Setzen Sie sich ein gesundes Maß, wie viel Sie jeweils zum Frühstück, mittags und abends essen möchten. Vermeiden Sie aber alles Essen zwischendurch. Denn das können Sie dann nicht mehr kontrollieren. Wenn Sie zwischendurch Hunger haben, trinken Sie lieber Tee. Wir haben in Münsterschwarzach einen Reinigungstee entwickelt, der das Gefühl der Sättigung gibt. Es kann auch eine Hilfe sein, in der Fastenzeit mit einer Gruppe eine Woche lang ganz zu fasten und nur von Tee und Säften und Gemüsebrühe zu leben. Aber das Fasten allein führt noch nicht zum Abnehmen. Es kann jedoch ein guter Einstieg sein, die gesamte Fastenzeit sein Essprogramm umzustellen und zu reduzieren. Der zweite Weg ist die

Bewegung. Sie sollen nicht krampfhaft kontrollieren, wie viele Kilometer Sie täglich laufen wollen. Aber überlegen Sie, welche Form von Bewegung Ihnen gut tut: Laufen, nordic walken, Wandern, Schwimmen, Radfahren. Sie sollten auch Lust dazu verspüren. Wenn Sie sich mit dem Abnehmen quälen, werden Sie keinen Erfolg haben. Es soll ein Trainingsprogramm sein, das Ihnen Spaß macht und Ihnen das Gefühl der Freiheit schenkt. Und denken Sie immer daran: Schönheit hängt nicht vom Gewicht ab, sondern davon, dass ich mich selbst liebevoll anschaue. Schön kommt von schauen. Wenn Sie sich selber annehmen, dann sind Sie auch schön.

Schön kommt von schauen. Schauen Sie sich selbst liebevoll an. Wenn Sie sich selber annehmen, dann sind Sie auch schön.

*S*eit meine Kinder aus dem Haus sind, erlebe ich oft, wie ich unsicher werde, wenn ich unter die Leute gehe. In der Gruppe habe ich Angst, überhaupt etwas zu sagen. Ich habe das Gefühl, die anderen können besser reden als ich. Ich geniere mich, wenn ich etwas Falsches oder etwas zu Primitives sage.

Wie kann ich die alte Sicherheit wiederfinden?

Wenn Sie bei sich bleiben, werden Sie frei von dem, was andere über Sie denken und reden.

Es ist gut, dass das alte Selbstvertrauen erst einmal zerbrochen ist. Vielleicht war es auf einer zu engen Identität aufgebaut, etwa nur auf der Identität der Mutter. Die Verunsicherung ist die Chance, Ihr Fundament tiefer zu gründen. Fragen Sie sich: Wer bin ich wirklich? Was macht meinen wahren Wert aus? Wer bin ich ohne meine Kinder, vielleicht auch ohne meinen Mann? Was ist meine tiefste Identität? Und setzen Sie sich nicht unter Druck: Sie müssen nichts Intelligentes sagen. Sie müssen gar nichts sagen. Sagen Sie etwas, wenn es Ihnen danach ist. Und beurteilen Sie nicht, was Sie gesagt haben. Vertrauen Sie darauf, dass das Gespräch gut wird und dass Sie etwas daraus lernen können. Sie müssen gar nichts dazu beitragen. Sie tragen nur etwas bei, wenn es für Sie stimmt, wenn es wirklich aus Ihnen herauskommt, aber nicht, weil Sie eine Erwartung anderer erfüllen wollen. Bleiben Sie besser bei sich. Dann verhalten Sie sich immer richtig und Sie fühlen sich frei von dem, was andere über Sie denken und reden.

MEin Gesicht strahlt nichts aus. Ich bin zu klein. Alle Versuche, abzunehmen, haben nicht geholfen. Ich möchte mich am liebsten vor den Menschen verstecken.

Ich geniere mich für mein Aussehen.

Schönheit ist relativ. In den Medien wird ein ganz bestimmtes Schönheitsideal propagiert. Diesem Ideal entsprechen Sie nicht. Aber ihm müssen Sie auch gar nicht entsprechen. Versuchen Sie, sich selbst und Ihren Leib so anzunehmen, wie Sie sind. Gehen Sie liebevoll mit Ihrem Leib um. Versuchen Sie liebevoll in den Spiegel zu blicken. Dann werden Sie auch in Ihren Augen und in Ihrem Gesicht Liebe und Schönheit entdecken. Wenn Sie so, wie Sie sind, durchlässig sind für die Liebe, dann sind Sie schön. Selbstablehnung führt zu einer negativen inneren Stimmung. Und die verdunkelt und verstellt auch Ihr Äußeres. Wer sich selber hasst, wird hässlich. Wer sich liebevoll anschaut, ist schön. Verabschieden Sie sich von äußeren Schönheitsidealen. Vertrauen Sie darauf, dass Sie, so wie Sie sind, etwas von Gott zum Ausdruck bringen, was nur durch Sie ausgedrückt werden kann. Wenn Sie mit Ihrem wahren Wesen in Berührung sind, wenn Sie im Einklang sind mit Ihrem Selbst, dann sind Sie schön. Dann brauchen Sie sich nicht mit anderen zu vergleichen. Sie sind einfach da, präsent, durchlässig. Und Sie strahlen etwas Schönes aus. Wenn Sie sich selbst achten, werden Sie auch von anderen beachtet werden.

> Wenn Sie sich selbst achten, werden Sie auch von anderen beachtet werden.

*I*ch weiß manchmal nicht einmal mehr, was ich selber will. Wie kann ich lernen, aus mir heraus zu leben und frei zu werden von den Erwartungen anderer Menschen?

Ich möchte nicht immer nur die Erwartungen von außen erfüllen.

Ganz frei sind wir nie. Wir schauen immer unbewusst auf die Erwartungen von außen oder auf die Erwartungen, die wir an uns selber richten. Trotzdem sollten wir lernen, auf die eigenen Gefühle zu achten. Manchmal ist es natürlich bequem, die Erwartungen der anderen zu erfüllen. Dann sind wir auch beliebt bei ihnen. Doch wir sollten auf die eigenen Gefühle achten. Wenn ich mich ausgenützt fühle oder wenn ich aggressiv werde oder das Gefühl habe, es stimmt so nicht, dann soll ich das ernst nehmen. Dann ist das eine Aufforderung, mich besser abzugrenzen. Dabei darf ich dem, der Erwartungen an mich hat, nicht böse sein. Er darf ruhig Erwartungen haben und sie zum Ausdruck bringen. Aber ich bin frei, ob ich diese Erwartungen erfülle oder nicht. Wenn ich nein sage, wird der andere erst einmal versuchen, mir Schuldgefühle einzuimpfen, warum ich auf einmal so komisch reagiere, ich hätte das doch bisher immer gemacht usw. Es gilt, solche Versuche, mich durch Schuldgefühle wieder dazu zu bringen, Erwartungen anderer zu erfüllen, zu durchschauen. Auch diese Versuche dürfen sein. Aber ich falle nicht darauf rein. Ich bleibe bei mir. Natürlich muss ich mich dabei verabschieden von der Illusion, dass ich beim anderen immer beliebt bin. Es kann durchaus sein, dass der andere mich beschimpft oder nicht mehr mit mir spricht. Ich muss das dann aushalten und zugleich dem anderen zutrauen, dass er lernfähig ist. Wenn ich klar bei dem bleibe, was für mich stimmt, dann wird sich auch der andere langsam daran gewöhnen. Und auf einmal wird durchaus eine gute Beziehung zu ihm oder ihr möglich sein. Ich fühle mich nicht mehr abhängig, nicht mehr gedrängt, alle Erwartungen zu erfüllen. Wenn ich mich frei fühle, kann ich auch den anderen achten, so wie er ist.

> Wenn ich klar bei dem bleibe, was für mich stimmt, dann wird sich auch der andere daran gewöhnen. Wenn ich mich frei fühle, kann ich auch den anderen achten, so wie er ist.

*I*ch habe wenig Selbstvertrauen. Wenn mich in einer Gruppe jemand anspricht, werde ich leicht rot. Und wenn ich das merke, dann möchte ich mich am liebsten verkriechen und ärgere mich gleichzeitig über meine Schüchternheit.

Ich fühle mich ständig von den anderen beobachtet.

Zunächst dürfen Sie sich nicht nur zugestehen, sondern auch erlauben, dass Sie wenig Selbstvertrauen haben. Das macht Sie vielleicht sogar sympathisch. Und Sie können sich erlauben, dass Sie rot werden. Wenn Sie rot werden, zeigen Sie, dass Sie noch Gefühle haben. Sie dürfen doch Gefühle zeigen. Wenn Sie sich auf ihre Anspannung fixieren, wird es nur noch schlimmer. Am schlimmsten ist die Angst vor der Angst. Wenn Sie Angst haben, rot zu werden, sind Sie so damit beschäftigt, dass Sie bei jeder kleinen kritischen Bemerkung gleich erröten. Und wenn Sie sich dann ärgern und Sie das Rotwerden überspielen wollen, wird es noch stärker. Wenn Sie achtsam sind auf Ihren Körper und spüren, dass Sie rot werden, geben Sie vor sich zu: „Ja ich bin empfindlich. Ich reagiere leicht. Mir sieht man alles an, was ich empfinde. Aber das darf so sein. Ich habe Gefühle und ich darf sie haben." Dann werden Sie leichter wieder Frieden finden. Hören Sie auf, darüber nachzudenken, was die Menschen jetzt denken, wenn Sie sehen, dass Sie rot geworden sind. Das ist deren Problem. Die dürfen denken, was sie wollen. Aber entscheidend ist, dass ich bei mir bin. Ich spüre mich in meiner Unsicherheit. Dann ist es nicht mehr wichtig, was andere meinen. Eine Hilfe ist dabei, sich selbst auch im Körper zu spüren, etwa seine beiden Hände zu falten oder eine Hand auf die Brust zu legen. Dann sind Sie in diesem Augenblick bei sich und nicht bei den Blicken und Gedanken der anderen.

Hören Sie auf, darüber nachzugrübeln, was die Menschen jetzt über Sie denken. Das ist deren Problem.

*I*ch gehe gerne in eine Frauengruppe, in der wir uns über die Themen austauschen, die uns bewegen. Ich bin die einzige, die kein Abitur hat. Immer wenn ich etwas sagen möchte, habe ich das Gefühl, dass eine andere das schon viel besser ausgedrückt hat. Ich habe Hemmungen und vergleiche mich immer mit den anderen. Das lähmt mich. Eine Freundin sagte mir, ich solle mir vorstellen, dass ich besser kochen könne als die anderen. Aber das hilft mir in der Situation auch nicht.

Gruppen sind für mich oft einfach zu anstrengend.

Solange Sie vergleichen, werden Sie nie zur Ruhe kommen. Da hilft auch nicht, ihre positiven Eigenschaften aufzuzählen. Denn bei jeder Eigenschaft wird Ihnen eine Frau einfallen, die das noch besser repräsentiert. Versuchen Sie einfach, bei sich selbst zu sein. Eine Hilfe könnte sein: Sie sitzen bequem da und hören einfach zu. Sie halten Ihre Hände über dem Schoß zusammen und spüren sie. Dann stellen Sie sich vor: Ich muss gar nichts sagen. Ich höre einfach zu, was die anderen sagen. Nur wenn ich Lust habe, etwas zu sagen, dann sage ich es einfach. Es ist gar nicht wichtig, ob das schon eine andere gesagt hat. Ich traue meinem Gefühl. Natürlich lässt sich das Vergleichen nicht wie mit einem Knopfdruck abstellen. Doch wenn es hoch kommt, dann spüren Sie sich selbst und sagen sich vor: Ich bin ich. Die anderen dürfen so sein, wie sie sind. Ich bin dankbar für mich und mein Leben. Dann wird der Neid langsam vergehen. Und Sie werden sich in der Gruppe wohl fühlen. Schauen Sie in die Gruppe hinein, beobachten Sie die anderen und danken Sie Gott dafür, dass da so nette Frauen sind, mit denen Sie zusammen sitzen können. Betrachten Sie die Frauen nicht als Konkurrentinnen, mit denen Sie sich messen müssen, sondern als Geschenk an Sie. Sie können etwas lernen. Aber Sie bringen auch etwas ein, was nur Sie einbringen können.

Betrachten Sie die anderen nicht als Konkurrentinnen, sondern als Geschenk an Sie. Sie können etwas lernen. Aber Sie bringen auch etwas ein, was nur Sie einbringen können.

Meine Arbeitskollegin ist überall beliebt. Aber wenn ich auftauche, habe ich den Eindruck, dass von mir etwas Negatives ausgeht, das alle anderen abstößt. Manchmal meine ich, ich sei vergiftet, als ob von mir lauter Gift ausgeht.

Es tut weh, immer nur auf Ablehnung zu stoßen.

Sicher: Eine solche Reaktion tut weh. Aber man kann damit umgehen. Es gibt zwei Wege, darauf zu reagieren. Zunächst einmal sollten Sie sich klarmachen: Die Ablehnung hat nicht nur mit Ihnen zu tun, sondern auch mit den Menschen, die Sie ablehnen. Vielleicht erinnern Sie die anderen an jemanden, mit dem Sie schlechte Erfahrungen gemacht haben? Dann projizieren die anderen ihre Probleme auf Sie. Sie können sich dann nur schützen, indem Sie sich sagen: Die meinen eigentlich nicht mich, sondern jemand anderen.

Der zweite Weg ist, bei sich selbst nachzuforschen. Warum geht denn vor mir etwas aus, das die anderen abstößt? Vielleicht lehne ich mich selber ab. Und die anderen spüren, dass ich nicht im Einklang bin mit mir selbst. Und so ziehen sie sich von mir zurück, aus Angst, sie könnten von meiner inneren Zerrissenheit angesteckt werden. Dann wäre es wichtig, dass Sie gut mit sich selbst umgehen und versuchen, sich mit sich selbst auszusöhnen und sich so zu akzeptieren, wie Sie sind. Die andere Frage wäre: Nehme ich die anderen nicht so wahr, wie sie sind? Projiziere ich möglicherweise meine eigenen Probleme auf sie? Merken die anderen vielleicht, dass ich nicht an sie glaube, dass ich ihnen gegenüber misstrauisch bin? Ist das der Grund, dass sie sich zurückziehen und sich vor mir schützen? Dann sollten Sie jeden Morgen, wenn Sie aufstehen, die Menschen segnen, denen Sie heute begegnen werden, im persönlichen Umfeld oder im Umfeld der Arbeit. Wenn Sie die anderen segnen, werden Sie ihnen anders begegnen. Dann werden Sie frei von dem Vorurteil, das sich in Ihnen festgesetzt hat. Sie werden frei von dem Grundmisstrauen, das sich vielleicht von Kindheit an in Ihrer Seele gebildet hat. Sie können die anderen mit gütigeren Augen anschauen. Es sind alles gesegnete Menschen. Sie selbst werden eine andere Ausstrahlung haben auf Ihre Kollegen und Kolleginnen. Und auch die Kollegen werden Ihnen anders begegnen.

Nehme ich die anderen nicht so wahr, wie sie sind? Projiziere ich möglicherweise meine eigenen Probleme auf sie?

*I*mmer wieder ecke ich im Umgang mit anderen an. Ich kann mich oft selbst nicht leiden und gehe mit mir selbst hart ins Gericht. Kann es sein, dass ich als Leiterin einer Kita unbewusst die gleichen Maßstäbe bei meinen Mitarbeiterinnen anlege? Ecke ich deshalb ständig an?

Wie soll ich meinen Nächsten lieben, wenn ich mich selbst nicht liebe?

Welche Maßstäbe legen Sie an sich selber an? Woher kommt dieser innere Richter in Ihnen? Tut Ihnen dieser Richter gut? Oder sollten Sie ihn lieber entmachten und sich so annehmen, wie Sie sind? Fragen Sie sich auch: Warum können Sie sich nicht leiden? Was lehnen Sie ab an sich? Diese Frage führt Sie letztlich zu den Erwartungen, die Sie an sich richten. Indem Sie diese Erwartungen – vielleicht ist es das Perfekt-Sein, das Immer-fit-Sein, das Sich-Opfern – formulieren, können Sie sie auch relativieren.

Entmachten Sie Ihren inneren Richter.

Wenn Sie dann mit sich selbst barmherziger umgehen, wird es Ihnen auch gelingen, mit anderen barmherziger umzugehen. Sie sollen durchaus die Mitarbeiterinnen führen und klare Regeln einfordern. Aber wenn Sie sich über eine Mitarbeiterin ärgern, dann sollten Sie sich fragen, ob Sie sich nicht über sich selbst ärgern. Und Sie sollten versuchen, jede einzelne in ihren Stärken und Schwächen zu erkennen, um die Stärken zu fördern und die Schwächen zu akzeptieren, damit sie keinen Schaden anrichten.

*B*ei einem Besuch in der Nachbarstadt sah ich den Mann meiner Freundin, mit einer unbekannten jungen Frau, Hand in Hand. Als er mich sah, ging er wortlos an mir vorbei. Ich frage mich: Soll ich gegenüber meiner Freundin so tun, als hätte ich ihren Mann nicht gesehen? Die Wahrheit könnte sie, glaube ich, nicht verkraften.

Wenn ich schweige, lüge ich indirekt. Darf ich das?

Ihre Gewissensnöte kann ich gut verstehen. Wenn Sie etwas zur Freundin sagen, kann es ihre Ehe zerstören. Wenn Sie so tun, als ob nichts wäre, haben Sie Angst, Sie würden lügen. Wir sollen nicht lügen. Aber wir müssen auch nicht alles sagen. So würde ich Ihrer Freundin zunächst nichts sagen. Aber ich wäre aufmerksam, wie es der Freundin geht und würde mich mal erkundigen, wie es ihr mit ihrem Mann geht. Natürlich darf diese Frage nicht gleich Misstrauen in ihr wecken. Wenn Ihre Freundin von Problemen spricht oder wenn sie an seiner Treue zweifelt, dann würde ich ihr die Wahrheit sagen. Aber wenn alles wunderbar ist, würde ich ihre heile Welt nicht zerstören. Dann würde ich für die Freundin und ihren Mann beten, dass Gott ihre Ehe segnet und auch durch eine eventuelle Krise schützt.

> Wir sollen nicht lügen. Aber wir müssen auch nicht alles sagen.

*E*in guter Freund hat mir vor Kurzem etwas sehr Persön-
liches anvertraut mit der Bitte, es nicht weiterzuerzählen.
Er hat es mir nur gesagt, weil er dieses Geheimnis nicht mehr
länger alleine tragen konnte. Jetzt allerdings belastet es auch
mich. Es fällt mir sehr schwer, nicht einmal mit meiner Frau
darüber reden zu können, weil mich diese Sache doch sehr
beschäftigt. Andererseits möchte ich das Vertrauen meines
Freundes nicht missbrauchen.

Wie verpflichtend kann das Vertrauen des anderen sein?

Es ist wichtig, dass Sie das Vertrauen Ihres Freundes
nicht missbrauchen. Also sollen Sie es niemandem weitererzählen. Wenn Ihre Frau diesen Freund kennt, dürfen Sie es auch Ihrer Frau nicht erzählen, selbst wenn
Ihre Frau Ihnen vielleicht helfen könnte. Denn Ihre
Frau würde dann diesem Freund nicht mehr unvoreinge-
nommen begegnen. Wenn das Geheimnis, das Ihr
Freund Ihnen anvertraut hat, Sie belastet, gibt es nur
zwei Möglichkeiten. Die erste: Sie geben es Gott ab. Sie
halten das, was der Freund Ihnen anvertraut hat, Gott
hin und bitten Gott, ihn zu segnen und zu schützen.

Die zweite Möglichkeit: Sie besprechen das, was Ihr
Freund Ihnen anvertraut hat und Sie so belastet, mit einem Dritten, der den Freund nicht kennt. Sie können es
also einem Priester, einer Seelsorgerin oder einem The-
rapeuten erzählen. Dann ist es kein Weitererzählen. Sie
besprechen sich mit einem Dritten, der unabhängig ist.
Es ist eine Art Supervision. Wenn ich in der geistlichen
Begleitung Probleme habe, wenn ich bei einem Klienten

nicht weiß, wie ich reagieren soll, dann bespreche ich das auch mit einem Supervisor. Das ist kein Missbrauch des Vertrauens. Denn ich sage ja auch nicht den Namen des Menschen. Ich möchte nur wissen, wie ich selbst damit umgehen kann. Suchen Sie sich also einen Menschen, der den Freund nicht kennt, und besprechen Sie mit ihm das, was Sie belastet.

Es ist wichtig, dass Sie das Vertrauen nicht missbrauchen. Aber es gibt Möglichkeiten, mit der eigenen Belastung gut umzugehen.

Wenn jemand mich bittet, diese oder jene Aufgabe in der Firma oder in der Pfarrei oder im Verein zu übernehmen, sage ich meistens Ja. Wie kann ich lernen, auch einmal deutlich und klar Nein zu sagen, ohne Angst haben zu müssen, dass ich den anderen verletze oder meine Beziehung zu ihm gefährde?

Ich tue mich einfach schwer damit, nein zu sagen.

Da geht es Ihnen wie vielen. Sie haben das Neinsagen nicht geübt – und sagen zu schnell etwas zu. Nachher ärgern Sie sich darüber und schimpfen über die Unverschämtheit: Jeder müsse doch wissen, wie viel Sie zu tun haben. Wenn Menschen mir erzählen, dass sie darunter stöhnen, dass so viele etwas von ihnen wollen, dass ihre Umgebung soviel von ihnen erwarten, dann antworte ich Ihnen: „Sie dürfen nicht böse sein auf die Leute, dass sie Erwartungen an Sie haben. Es ist doch ein gutes Zeichen, wenn die Leute etwas von Ihnen erwarten. Das zeigt, dass man Ihnen etwas zutraut. Aber es ist Ihre Entscheidung, ob Sie die Erwartung erfüllen wollen oder nicht. Sie sind frei. Sie ärgern sich über sich selbst, wenn Sie Ja gesagt haben, obwohl Sie lieber Nein gesagt hätten."

Warum tun sich Menschen schwer, nein zu sagen? Es sind verschiedene Gründe: Bei den einen ist es die Angst, der andere könnte verletzt sein. Doch er wird nicht wirklich verletzt, wenn ich achtungsvoll nein sage. Er wird vielleicht in seinen Erwartungen enttäuscht. Aber manchmal ist es auch heilsam für ihn, wenn ich ihn in seinen Erwartungen enttäusche. Denn sonst meint er, ich würde immer alles machen, was er eigentlich selbst auch erledigen könnte. Andere haben Angst, durch ein Nein weniger beliebt zu sein. Dann ist es wichtig, das eigene Bedürfnis anzuschauen: Ja, ich möchte bei allen beliebt sein. Aber welchen Preis zahle ich dafür? Werde ich nicht auch ärgerlich, wenn ich ständig Ja sage? Und wenn ich ärgerlich werde,

Beziehungen brauchen Grenzen, damit sie lebendig bleiben.

werde ich auch nicht besonders beliebt sein. Es ist für meine Beziehungen zu den anderen besser, wenn ich klar bin. Dann können gute Beziehungen wachsen. Dort, wo ich nur beliebt bin, werde ich schnell ausgenutzt. Und das tut der Beziehung letztlich nicht gut. Entscheidend ist, dass ich mit meinem Nein nie den anderen verneine oder ablehne, sondern ihn in seiner Würde achte, aber trotzdem mich klar abgrenze. Beziehungen brauchen Grenzen, damit sie lebendig bleiben.

*D*er Vater einer Freundin ist vor kurzem verstorben. Da sie ungern über Dinge spricht, die ihr sehr nahe gehen, wollte ich ihr Zeit geben. Ich habe mehrmals erfolglos versucht, ihr Gelegenheit zum Reden zu geben. Jetzt ist sie wütend auf mich, weil sie glaubt, der Tod ihres Vaters wäre mir egal gewesen.

Wie kann ich mit der Verletzung der Freundin umgehen?

Zunächst sollten Sie ihr in einem Brief einfach schreiben, was Ihre Überlegungen waren. Zum anderen sollten Sie die Angriffe Ihrer Freundin nicht zu persönlich nehmen. Sie sind nun einfach eine Projektionsfläche für die unverarbeitete Trauer. Die Freundin ist nicht nur verletzt durch Sie und wütend auf Sie, sondern eigentlich hat sie der Tod ihres Vaters verletzt, und sie ist wütend auf sich, auf das Schicksal und auf Gott. Wenn Sie miteinander sprechen, darf Ihre Freundin ruhig ihre Wut ausdrücken. Sie sollten sich dann auch gar nicht rechtfertigen, sondern einfach nachfragen, wie sie sich fühlt, was sie von Ihnen erwartet und wünscht. Und vertrauen Sie darauf, dass die Freundschaft durch die Krise hindurch auf eine neue Basis gestellt werden kann.

Vertrauen Sie darauf, dass die Freundschaft durch die Krise hindurch auf eine neue Basis gestellt werden kann.

Neben uns wohnt eine alleinstehende alte Dame, die ich oft zum Kaffee oder zum Essen einlade, damit sie nicht so einsam ist. Ich weiß, dass sie jetzt erwartet, mit uns Weihnachten feiern zu können. Aber Heiligabend möchte ich lieber alleine mit meinem Mann verbringen, und an den Weihnachtsfeiertagen sind wir bei den Familien unserer Kinder eingeladen.

Bin ich unsozial, wenn ich lieber allein sein möchte?

Es ist schön, dass Sie Ihre alleinstehende Nachbarin zum Essen oder zum Kaffee einladen. Aber Sie können ihr die Erfahrung der Einsamkeit nicht ersparen. Je älter wir werden, desto mehr müssen wir uns auch unserer eigenen Einsamkeit stellen. Wenn wir das Alleinsein gut aushalten, werden wir erfahren, dass wir „all-eins", mit allen und mit allem eins sind. Dann kann die Einsamkeit auch etwas Positives werden. Sie sollen sich durch die Erwartungen der Nachbarin nicht unter Druck setzen lassen. Natürlich haben Sie sich ihr gegenüber ein Stück weit geöffnet. Deshalb sollten Sie überlegen, ob Sie an Weihnachten eine viertel oder halbe Stunde für die Frau erübrigen. Ich würde sie nicht in die Wohnung einladen, sondern sie besuchen und ihr gesegnete Weihnachten wünschen und etwas Kleines schenken. Es ist ein berechtigtes Bedürfnis, dass Sie Weihnachten allein mit Ihrem Mann feiern möchten.

> Lassen Sie sich nicht von Erwartungen anderer unter Druck setzen. Es ist ein berechtigtes Bedürfnis, auch einmal allein zu sein.

Wenn ich mit Freunden zusammen bin, habe ich oft Angst, dass ich lächerlich gemacht werde. Die anderen erzählen ständig über andere und lachen dann über sie. Ich traue mich nicht, etwas dagegen zu sagen. Natürlich habe ich Angst, dass ich dann selbst zum Ziel des Spottes werde und alle mich auslachen. Aber das ist nicht das einzige.

Ich will doch auch kein Spielverderber sein.

Andere lächerlich zu machen ist eine subtile Form von Machtausübung. Denn wenn andere über Sie einen Witz machen, sind Sie der Spielverderber, wenn Sie nicht mitlachen. Doch eigentlich sind Sie tief verletzt. Sie können sich kaum wehren gegen diese Verletzung. Denn wenn Sie sagen, Sie fühlten sich verletzt, dann erklären die anderen, sie hätten ja nur Spaß gemacht.

Sie können auch kaum als Moralapostel auftreten und den anderen eine Predigt halten, sie sollten nicht ständig über andere lästern und über sie lachen. Denn dann würden Sie sich über die anderen stellen. Und die anderen werden Sie vermutlich ausschließen aus Ihrer Gemeinschaft. Sie können entweder diese Gruppe meiden, mit der Folge, dass Sie sich ausgeschlossen und vielleicht allein *fühlen*. Oder aber Sie können sagen, ihnen mache es keinen Spaß, ständig über andere zu reden und über sie zu lachen. Denn dann würde ja jeder aus der Gruppe auch dran kommen, wenn er mal nicht dabei ist. Wenn Sie von Ihrem Gefühl sprechen, dann laden Sie damit auch andere ein, ihre Gefühle ernst zu nehmen. Denn wirklich wohl fühlt sich bei diesem Lästern und Lachen über andere wohl niemand. Es ist nur ein Ablenken von sich selbst. Weil man sich selbst nicht in das Gespräch einbringt, weil man Angst hat, über sich und seine wirklichen Probleme zu sprechen, spricht man über andere. Wenn die Gruppe so darauf fixiert ist, dann ist es wirklich besser, sich andere Freunde zu suchen. Denn das ist keine Freundschaft, die Sie trägt. Das ist nur ein Leben auf Kosten anderer. Und das hat immer einen faden Beigeschmack. Achten Sie Ihre eigene Würde. Auch wenn Sie bedürftig sind und eine Gruppe brauchen, sollten Sie diese Bedürftigkeit nicht ausnützen lassen, um sich einer Gruppe unter zu ordnen, die Ihnen nicht gut tut.

Auf Kosten anderer leben zu wollen, das hat immer einen unguten Beigeschmack.

*I*n der Nähe bestimmter Menschen bekomme ich einfach keine Luft mehr. Da ist es, als ob mir jemand die Kehle zuschnürt. Ich kann nicht mehr frei atmen.

Was kann ich machen, wenn andere mir die Luft zum Atmen nehmen?

Lassen Sie sich nicht aus Ihrer Mitte locken.

Zunächst sollten Sie diese Menschen genauer betrachten. An wen erinnern sie Sie? Warum bekommen Sie gerade in der Nähe dieser Menschen keine Luft mehr? Und dann können Sie sich fragen: Was löst dieser Mensch in mir aus? Welche Wunde berührt er in mir? Und dann können Sie sich vorstellen: Ich bin ganz bei mir. Ich atme langsam ein und aus. Ich bin im Einklang mit mir selbst. Wenn Sie ganz bei sich selbst sind, wird dieser Mensch keine so starke Wirkung auf Sie haben. Oft lassen Sie sich von solchen Menschen sofort aus Ihrer Mitte heraus reißen. Dann sind Sie nicht mehr bei sich, sondern in der Hand des anderen. Der andere hat Macht über Sie. Diese Macht erleben Sie als bedrängend und bedrohlich. Stellen Sie sich vor, dass dieser Mensch keine Macht über Sie hat. Sie müssen sich innerlich von ihm abgrenzen. Dann können Sie ihn von der Ferne gleichsam betrachten, was er ausstrahlt und welche Rollenspiele er da veranstaltet. Sie schauen zu, aber Sie geben ihm keine Macht über sich. Entscheidend ist, dass Sie bei sich bleiben. Dann wird der andere Ihnen nicht mehr den Atem nehmen.

*I*ch komme mit meinen beiden Arbeitskolleginnen nicht zurecht. Wenn ich ins Büro komme, sprechen sie schon miteinander über andere Kollegen und Kolleginnen. Ich habe den Eindruck, dass sie genauso auch über mich reden. Wenn ich aber still bin, dann interpretieren sie es als arrogant.

Ich will Tratsch nicht mitmachen, mich aber auch nicht ausschließen.

Überhören Sie den Tratsch und Klatsch über andere einfach und fragen Sie freundlich nach etwas anderem. Dann verbiegen Sie sich nicht und stellen sich auch nicht über die anderen.

Natürlich ist es schwer, in der Gegenwart von Menschen, die ständig über andere reden, offen zu sein und Vertrauen zu zeigen. Denn ich weiß ja nicht, ob sie nicht genauso über mich reden werden. Aber ich kann freundlich distanziert sein. Und ich kann versuchen, auf einer anderen Ebene mit den einzelnen zu sprechen. Wenn Sie zusammen sind, ist es vermutlich nicht so einfach, eine andere Gesprächskultur zu schaffen. Aber wenn Sie allein mit einer Kollegin sind, können Sie offener sprechen. Wichtig ist, dass Sie innerlich frei bleiben. Sie müssen sich nicht anpassen. Aber Sie dürfen auch nicht auf die anderen herabsehen, sondern sollen immer auch an den guten Kern in den anderen glauben. Irgendwann wird sich dann dieser gute Kern auch zeigen.

Wichtig ist, dass Sie innerlich frei bleiben. Sie müssen sich nicht anpassen.

Vor ein paar Wochen habe ich mich mit meiner Freundin zerstritten. Schon als Studentinnen haben wir uns angefreundet, und diese Freundschaft hat uns über lange Zeit hin getragen. In letzter Zeit merke ich jedoch, dass wir ständig Missverständnisse haben. Sobald ich etwas von mir erzähle, wirft sie mir vor, dass ich nur um mich kreise. Ich solle mich mehr um sie kümmern. Ihr ginge es so schlecht. Sie brauche meine Hilfe. Aber wenn ich dann frage, wie ich ihr helfen könne, antwortet sie barsch, das würde ich doch wohl selber wissen.

Ich weiß nicht mehr, wie und ob überhaupt ich die Freundschaft weiterführen soll.

Sie sollen dankbar sein für die Freundschaft, die Sie jahrelang getragen hat. Die Missverständnisse zeigen jedoch, dass sich die Freundschaft wandeln muss. Ihre Freundin ist offensichtlich neidisch, wenn es Ihnen gut geht. Sie möchte Sie für sich haben. Die Frage ist, ob das nicht zu einer einseitigen Freundschaft führt, in der Sie immer nur die Gebende sind, aber nie etwas nehmen dürfen. Dann wäre es gut, die Art und Weise der Freundschaft zu klären. Ich würde mir erst etwas Zeit lassen, um das zunächst für mich zu klären. Und dann würde ich um ein klärendes Gespräch bitten. Wenn Sie den Eindruck haben, dass die Freundin ein festes Bild von Ihnen und von Ihrer Freundschaft hat und dass sie nicht bereit ist, sich zu bewegen, dann sollten Sie durchaus überlegen, ob es nicht besser wäre, die

Freundschaft zu beschließen. Aber das sollte nicht einfach dadurch geschehen, dass Sie keinen Kontakt mehr zueinander haben. Das hätte für beide einen bitteren Beigeschmack. Sie sollten sich auf ein Ritual einigen, entweder ein Ritual, die Freundschaft auf eine neue Basis zu stellen, oder aber auf ein Ritual, die Freundschaft in guter Weise zu beenden. Dabei wäre es wichtig, all die guten Erfahrungen zu würdigen, der Freundin für alles zu danken, was Sie durch sie erfahren haben und die gute Erinnerung mit zu nehmen auf den weiteren Weg. Spüren Sie einfach in sich den beiden Alternativen nach. Und tun Sie dann das, was in Ihnen mehr Frieden, Liebe, Freiheit und Lebendigkeit auslöst.

> Würdigen Sie Ihre gemeinsame Geschichte. Und tun Sie dann das, was in Ihnen mehr Frieden, Liebe, Freiheit und Lebendigkeit auslöst.

Immer wieder erlebe ich, dass während einer eher privat-persönlichen Unterhaltung sich eine Gesprächspartnerin angegriffen fühlt, wenn ich meine eher gegenteilige Meinung sage. Ich spüre richtig, dass die negative Energie dann das Gespräch und das Zusammensein beeinträchtigt.

Warum reagieren manche so beleidigt?

Wenn jemand in einem persönlichen Gespräch beleidigt reagiert, nur weil ich eine andere Meinung habe, dann lässt das immer auf mangelndes Selbstwertgefühl schließen. Der andere ist empfindlich. Er fühlt sich durch meine andere Meinung angegriffen oder als Mensch nicht angenommen. Viele glauben in der Tat, die Annahme einer Person hänge davon ab, ob man in allem der gleichen Meinung sei. Die Frage ist, wie Sie auf eine solche Reaktion reagieren. Zunächst kann ich ja durchaus erst einmal mich selbst fragen, ob ich meine eigene Meinung nicht vielleicht zu schroff gesagt habe und ob da nicht möglicherweise doch so etwas wie Ab-lehnung des anderen mitgeklungen hat. Die eigene Ge-wissenserforschung ist immer sinnvoll. Doch wenn ich spüre, dass ich ganz sachlich und ohne Nebenabsichten meine Meinung gesagt habe, ohne den anderen zu be-drängen, dann ist die Frage: Warum reagiert der andere so beleidigt? Welche empfindliche Stelle habe ich da ge-troffen? Es ist gut, zu verstehen, was da abgelaufen ist.

Gut wäre es, den anderen direkt anzusprechen: Was hat dich jetzt verletzt? Aber ich muss spüren, ob das an-gebracht ist. Denn manche wollen oder können auch gar nicht über solche persönlichen Dinge sprechen. Sie geben vermutlich nicht zu, dass sie beleidigt reagieren. Wichtig ist, dem anderen keinen Vorwurf, aber auch sich selbst kein schlechtes Gewissen zu machen. Ich kann versuchen, die Situa-

Warum reagiert der andere so beleidigt? Welche empfindliche Stelle habe ich da getroffen? Es ist gut, zu verstehen, was da abgelaufen ist.

tion zu verstehen. Und dann muss ich meinem eigenen Gefühl trauen: Soll ich das Gespräch in freundlicher Weise beenden oder soll ich das Problem ansprechen? Entscheidend ist, dass ich dem, der beleidigt reagiert, keine Macht über mich gebe, sondern ihn bei sich und seiner Reaktion lasse.

*I*ch habe zusammen mit meinem Freund ein Unternehmen gegründet. Jetzt habe ich festgestellt, dass er für sich Geld aus der Firma abgezweigt hat. Seit er eine Freundin hat, ist er nicht mehr ehrlich zu mir. Ich habe ihn in die Firma geholt und ihm die Möglichkeit gegeben, etwas aus sich zu machen. Jetzt nutzt er mich schamlos aus. Wie kann ich damit umgehen?

Die Enttäuschung durch einen Freund tut doppelt weh.

Sie erkennen jetzt in Ihrem Freund andere Seiten. Solange Sie sein Wohltäter waren, stand er zu Ihnen. Offensichtlich war das nicht ganz absichtslos. Jetzt denkt er nur an seinen Vorteil. Vielleicht hat er so wenig Selbstvertrauen und Selbststand, dass er sich seiner Freundin gegenüber beweisen muss, indem er möglichst viel Geld vorweist. Sie haben an den guten Kern in ihm geglaubt. Doch jetzt kommen Seiten in ihm zum Vorschein, die Sie nicht vermutet hätten. Sich von dem Idealbild zu verabschieden, das Sie von ihm hatten, ist ein schmerzlicher Prozess. Auf der anderen Seite sollten Sie sich nicht ausnutzen lassen. Die Unehrlichkeit des Freundes soll aber nicht dazu führen, dass Sie ihn jetzt als Feind ansehen, den Sie bekämpfen. Sie sollten trotzdem um Ihr Recht kämpfen. Es tut auch dem Freund nicht gut, unehrlich zu sein und Sie auszunutzen. Überlegen Sie also, wie Sie eine klare Lösung finden können und zu Ihrem Recht kommen. Es ist wichtig, dass Sie nicht Rache üben, sondern eine klare Regelung treffen, die die Gerechtigkeit wieder herstellt.

3. ELTERN, KINDER UND VERWANDTE
Wenn Familie zum Problem wird

Familie ist ein Raum der Intimität und Nähe. Nähe erzeugt Wärme, Geborgenheit und Sicherheit. Allerdings erfahren wir in der Familie nicht immer nur Zuwendung und Liebe. Es gibt Streit, Enttäuschungen, Ungerechtigkeiten. Die Beteiligten fügen sich auch gegenseitig Schmerz zu. Familie ist zudem auch ein Ort, in dem man wachsen kann. Beziehungen können und müssen sich auch ändern. Auch das kann zu Problemen führen und zum Stress werden. Das hat es in Familien immer gegeben. Aber auch neue Themen kommen auf: Immer häufiger höre ich in der letzten Zeit von abgebrochenen Beziehungen zwischen Kindern und Eltern. Oft leiden gerade Großmütter darunter, dass ihre eigenen Kinder den Kontakt zu ihnen abbrechen und sie so daran hindern, ihre Enkelkinder zu sehen. Es gibt natürlich Situationen, in denen es für Kinder heilsam ist, die Distanz zu den Eltern zu vergrößern. Und auch eine zeitliche Trennung kann sinnvoll sein. Doch wenn der Kontakt rigoros und endgültig abgebrochen wird, dann leiden nicht nur die Eltern. Die Kinder schneiden sich selbst von ihren Wurzeln ab, die sie nähren könnten. Oft fragen mich die Eltern, wie sie den Kontakt wieder herstellen könnten. Doch je mehr die Eltern versuchen, die Beziehung wieder aufzunehmen, desto härter ist oft die Ablehnung. Es braucht viel Geduld und Vertrauen. Und es braucht den Engel der Hoffnung, der niemals aufgibt. Oft sehen wir keine Fortschritte in der abgebrochenen Beziehung. Aber wir sollten hoffen, dass irgendwann das Zerbrochene geheilt wird und das Getrübte sich klärt.

Meine Mutter hat das Kind, das vor mir geboren wurde, durch einen tragischen Unfall im Alter von 4 Jahren verloren. Sie gibt sich selbst die Schuld daran. Ich habe den Eindruck, dass ich nur das Ersatzkind war. Sie hat sich in ihrer Trauer verschlossen und hatte für uns Kinder kein Herz. Sie konnte sich um uns gar nicht kümmern, weil sie nur mit ihrem eigenen Schmerz und ihrer Trauer beschäftigt war. Meine Geschwister hassen meine Mutter deswegen. Aber ich weiß nicht, wie ich ihr begegnen soll.

Ich kann doch nicht mit einem Hass gegen meine Mutter leben.

Zunächst ist es wichtig, dass Sie die Strategie Ihrer Mutter würdigen. Sie musste ihr Herz verschließen, damit sie nicht verrückt geworden ist. Das war ihre einzige Möglichkeit, einigermaßen zu funktionieren und den Kindern das zu geben, was sie äußerlich gebraucht haben. Zu einer emotionalen Zuwendung war sie nicht fähig. Wenn Sie diese Lebensleistung würdigen, dann dürfen Sie auch den Schmerz zulassen. Sie haben keine Mutter erlebt, die ein Herz für Sie hatte. Sie haben eine verschlossene Mutter erlebt. Sie hat Sie nicht in Ihrer Einmaligkeit gesehen, sondern immer nur als Ersatz für Ihren Bruder. Das einzusehen tut weh. Aber dann überlegen Sie: Immerhin haben auch Sie es geschafft, trotzdem zu leben, auch ohne liebende Mutter Ihr Leben zu meistern. Trauen Sie der Kraft, die in Ihnen ist. Und dann wenden Sie sich Ihrem verstorbenen Bruder zu. Vielleicht haben Sie Wut auf ihn, dass Ihre Mutter sich nur um ihn gekümmert hat und nicht um Sie. Aber

Ihr Bruder kann nichts dafür. Er ist jetzt bei Gott im Himmel. Nehmen Sie Kontakt zu ihm auf und bitten Sie ihn, dass er Ihr innerer Begleiter wird, dass er das, was er hier auf Erden nicht leben konnte, Ihnen zuschickt, damit Ihr Leben durch ihn reicher und bunter wird. Dann ist Ihr Bruder nicht mehr in der Macht der Mutter, er ist Ihr Bruder geworden, der Ihnen gehört und der Sie stützt und stärkt auf Ihrem Weg.

> Wenn Sie die Lebensleistung ihrer Mutter würdigen, dann dürfen Sie auch den Schmerz über sie zulassen.

*E*in Onkel hat mich als Kind sexuell missbraucht. Ich habe außer mit meiner Therapeutin noch mit niemandem darüber gesprochen. Wie soll ich damit umgehen? Soll ich ihn und die Familie damit konfrontieren?

Wie kann ich den Missbrauch seelisch überwinden?

Normalerweise gehört es zur Aufarbeitung des sexuellen Missbrauchs, dass ich den Täter konfrontiere. Aber Sie müssen dabei gut auf sich selbst achten. Spielen Sie diese Konfrontation mit der Therapeutin durch. Wenn Sie zu Ihrem Onkel gehen und ihm sagen, dass er Sie missbraucht hat, kann es sein, dass Sie neu verletzt werden. Daher braucht es eine gewisse Stabilität, um den Täter mit seiner Tat zu konfrontieren. Wichtig wäre auch, es den Eltern zu sagen. Wie sie darauf reagieren, ob sie den Onkel schützen oder ihn schneiden, das ist dann ihre Entscheidung. Aber nur die Wahrheit wird die Beziehungen heilen können.

Die Frage ist, was Ihnen selbst helfen kann. Die Therapie ist sicher eine gute Hilfe. Aber Sie brauchen Geduld. Missbrauch als tiefe Verletzung heilt nicht so schnell. Geben Sie nie die Hoffnung auf, dass auch Ihre Wunde sich einmal in eine Perle verwandeln wird. Der erste Schritt: die Wut zulassen und den Täter aus sich heraus werfen, sich von ihm und seiner Macht befreien. Der zweite Schritt: den Missbrauch beim Täter lassen und die innere Bindung an ihn auflösen. Und der dritte: dass Sie in den inneren Raum der Stille, in Ihren Seelengrund vordringen. Dort, wo es still ist in

Ihnen, dort, wo Gott in Ihnen wohnt, dort kann die Verletzung – auch wenn sie noch so tief ist – nicht vordringen. Dort sind Sie heil und ganz. Stellen Sie sich vor, dass Sie dort in diesem Raum der Stille ausruhen können, geschützt vor der tiefen Verletzung. Dort erleben Sie Ihren innersten Kern als rein und unverletzt. Das gibt Ihnen mitten in den Schmerzen eine Heimat bei sich selbst. Der Täter hat Sie tief verletzt. Doch den innersten Kern konnte er nicht verletzen. Das gibt Ihnen das Gefühl von Freiheit und Würde.

> Der Täter hat Sie tief verletzt. Doch den innersten Kern konnte er nicht verletzen. Das gibt Ihnen das Gefühl von Freiheit und Würde.

Meine Tochter beschuldigt meinen Mann, ihren Vater, dass er sie als Kind sexuell missbraucht hat. Ich habe mit meinem Mann offen darüber gesprochen. Er sagt, da sei nichts dran. Ich habe nicht den Eindruck, dass mein Mann mich anlügt. Meine Tochter hat nun nicht nur zu meinem Mann, sondern auch zu mir den Kontakt völlig abgebrochen. Sie wirft mir vor, dass ich zu meinem Mann stehe. Ich leide unter dieser Situation.

Wie soll ich mit der Verdächtigung umgehen?

Es ist für Sie nicht leicht, sich hier richtig zu verhalten. Trauen Sie Ihrem Gefühl, das Sie beim Gespräch mit Ihrem Mann hatten. Natürlich gibt es die Möglichkeit, dass Ihr Mann den Missbrauch verdrängt. Aber wenn er nach ehrlicher Gewissenserforschung erkennt, dass nichts dran ist, würde ich ihm glauben. Das heißt nicht, dass Ihre Tochter lügt. Vielleicht hat sie wirklich Situationen als übergriffig erlebt. Vielleicht hat sie im Missbrauch aber auch nur die Begründung gesucht, dass es ihr nicht gut geht. Vielleicht hat sie etwas davon geträumt. Von außen können wir kaum entscheiden, wer nun wirklich die Wahrheit sagt. Sie sollen Ihre Tochter ernst nehmen und Ihren Mann.

Wenn Ihre Tochter den Kontakt zu Ihnen abbricht, weil Sie Ihrem Mann trauen, dann tut das sehr weh. Aber Sie dürfen sich von ihr nicht instrumentalisieren lassen. Vielleicht hat sich in ihr einfach viel Wut auf den Vater angestaut. Die Verletzungen können auch in anderen Bereichen sein. Sagen Sie Ihrer Tochter, dass

Sie ihr vertrauen, dass Sie mit ihr leiden, dass Sie sich aber auf keine Seite ziehen lassen. Sie sollen Ihren Mann weder verteidigen noch anklagen, wenn Sie es nicht genau wissen, was wirklich vorgefallen ist.

Von außen können wir kaum entscheiden, wer wirklich die Wahrheit sagt. Sie sollen auf jeden Fall beide Seiten ernst nehmen.

Sie können Ihrer Tochter anbieten, über all die Erfahrungen mit Ihnen zu reden, die sie als Missbrauch erlebt hat. Sie sollen ihr nichts ausreden. Wichtig ist, dass Sie die Ungewissheit einfach stehen lassen und darum beten, dass Versöhnung zwischen Ihnen und Ihrer Tochter und vielleicht später einmal auch zwischen Ihrer Tochter und Ihrem Mann möglich wird. Auf jeden Fall braucht die Tochter eine Therapie, um all das, was sie belastet, anzuschauen und aufzuarbeiten.

Meine Eltern haben neulich uns Geschwister eingeladen, um über die Erbschaftsregelung zu sprechen.
Das Gespräch ging nicht gut. Wir Geschwister haben uns
zerstritten, unsere Eltern waren hilflos. Sie wollen es uns allen
recht machen. Aber sie wissen nicht wie.

Ich war so enttäuscht. Ich hatte gedacht, wir Geschwister würden uns lieben.

Bei Fragen der Erbschaft geht es nie nur um die Vertei-
lung des Geldes oder der Güter, sondern letztlich um
Themen wie: Wer von uns Geschwistern ist der Liebling
des Vaters, der Mutter? Wer hat zuwenig Liebe erfahren? Wer hat das Gefühl, zu kurz gekommen zu
sein? Zunächst ist es wichtig, nicht moralisierend ein-
zufordern: „Wir sollen uns doch lieben. Wir sind doch
bisher immer gut miteinander ausgekommen." Zunächst gilt es zu akzeptieren und zu betrauern, dass unter dem Deckmantel der Liebe offensichtlich andere Gefühle sind, die jetzt, wo es ums Erben geht, zum
Vorschein kommen. Das können Gefühle von Rivalität,
von Enttäuschung, Bitterkeit, Aggression sein. Es tut
weh, Abschied zu nehmen vom Bild der heilen Familie.
Im zweiten Schritt jedoch sollten Sie nüchtern analysieren: Was ist da aufgebrochen? Wie fühlt sich jeder von
uns Geschwistern? Was kommt da hoch, was ich bisher
übersehen habe? Was macht es uns so schwer, miteinander sachlich über die Erbschaft zu reden? Der
dritte Schritt wäre dann, in aller Ruhe mit Ihren Geschwistern allein – mit jedem einzelnen – zu sprechen,

keine Vorwürfe zu machen, sondern einfach zu fragen: Wie siehst Du die ganze Situation? Was hat Dich emotional aufgebracht? Dabei geht es nicht um ein Bewerten, auch nicht um Umstimmen, sondern um Verstehen. Wenn jeder seine Gefühle ausgedrückt hat, dann kann man überlegen: Wie gehen wir jetzt mit diesem Chaos um? Was muss vorher geklärt werden, bevor wir an die Aufteilung des Erbes gehen? Und gibt es einen gerechten Weg? Was würdest Du konkret vorschlagen? Wichtig ist, dass die überhitzte Atmosphäre, die offensichtlich bei dem Gespräch bestand, gekühlt wird und Sie ganz nüchtern mit Ihren Geschwistern sprechen. Dabei sollten Sie jedoch immer voller Hoffnung sein, dass es bei allen Turbulenzen doch einen Weg gibt, den Sie gemeinsam gehen können.

> Geben Sie nicht die Hoffnung auf, dass es bei allen Turbulenzen doch einen Weg gibt, den Sie gemeinsam gehen können.

Meiner Mutter habe ich vor ihrem Tod noch verspro-chen, dass ich mich um meinen Bruder kümmere. Er ist labil, trinkt und verliert den Bezug zur Realität. Wenn ich mich mit ihm auseinandersetze, zieht er sich zurück oder weicht aus. Jetzt habe ich jede weitere Hilfe davon abhängig gemacht, dass er eine Entziehungskur macht.

Ist es in Ordnung, Bedingungen zu stellen?

Überfordern Sie sich nicht!

Sie sollen das Versprechen, das Sie Ihrer Mutter gegeben haben, nicht brechen. Aber Sie dürfen es auf Ihre ganz persönliche Weise auslegen. Sie helfen Ihrem Bruder nicht, wenn Sie immer nur Feuerwehr spielen. Es ist keine Hilfe für einen alkoholkranken Menschen, dass man nur die Defizite, die er mit seinem Trinken hinterlässt, ausräumt. Sie helfen ihm nur, wenn Sie sehr konsequent zu ihm sind. Das heißt einmal: Sie fordern ihn auf, eine Entziehungskur zu machen. Dabei unterstützen Sie ihn. Aber wenn er sich weigert, dann können Sie ihm auch sagen, dass Sie nicht mehr bereit sind, einzuspringen, wenn er in Not ist. Denn das bestärkt ihn nur, so weiter zu machen. Er übergibt die Verantwortung für sein Leben seiner Mutter, und jetzt Ihnen anstelle Ihrer Mutter. Aber das ist keine Hilfe. Sie kümmern sich um Ihren Bruder, indem Sie konsequent sind: ihn auffordern, eine Entziehungskur zu machen und dann – falls er es nicht macht – genauso konsequent jede Hilfe verweigern. Damit würden Sie dem Versprechen der Mutter gegenüber gerecht, aber Sie würden sich auch selbst nicht überfordern.

*S*eit einigen Jahren bekomme ich von meinem Patensohn auf meine Geburtstags- und Weihnachtspost keine Antwort. Nun wird er 18 Jahre alt und ich wollte ihm Geld schenken, das ich seit seiner Geburt dafür gespart habe.

Ist es richtig zu schenken, wenn keine Reaktion kommt?

Bevor Sie sich vorstellen, dass Ihr Patensohn mit Absicht nicht antwortet, würde ich mir erst überlegen, woran das liegt. Junge Leute können heute oft keinen Brief mehr schreiben. Sie sind unfähig, in einem Brief ihre Gefühle auszudrücken. Das ist schade. Aber es ist Realität. Vielleicht versuchen Sie, ihm die nächsten Male telefonisch zu gratulieren. Wenn er auf Geschenke nicht reagiert, würde ich die Geschenke einstellen. Bevor die Beziehung nicht geklärt wird und bevor Sie nicht das Gefühl haben, ihn zu erreichen, sollten Sie ihm das Geld nicht geben. Denn dann würden Sie sich ausgenutzt fühlen. Ich würde den Zeitpunkt abwarten, an dem es stimmig ist, ihm das Geld zu geben. Trauen Sie Ihrem eigenen Gefühl.

Trauen Sie Ihrem eigenen Gefühl.

Meine Mutter legt großen Wert auf Grabpflege. Auf dem Friedhof, wo mein Vater beerdigt ist, gibt es einen regelrechten Wettbewerb, wer das schönste Grab hat. Ich finde das unangemessen und gerate darüber oft mit meiner Mutter in Streit. Nun musste ich ihr kürzlich das Versprechen geben, mich um das Grab zu kümmern und es in ihrem Sinne anzupflanzen und zu pflegen, wenn sie gestorben ist. Ich würde allerdings lieber eine Platte auf das Grab machen lassen – nicht, weil ich zu faul bin, sondern weil ich mich diesem Wettbewerb nicht aussetzen will. Ich will es doch schön schlicht haben.

Ich kann doch schlecht nach ihrem Tod den letzten Willen meiner Mutter ignorieren?

Es ist Ausdruck der Liebe zum Verstorbenen, die Gräber zu pflegen. Aber wenn Sie das Grab Ihrer Mutter pflegen, dann sollten Sie nicht auf die anderen schauen, sondern Ihre Liebe damit ausdrücken. Ich wäre auch vorsichtig, der Mutter zu unterstellen, dass sie mit ihrer Grabpflege die anderen übertreffen möchte. Das ist Ihre Interpretation. Sie müssen nicht beim Wettbewerb mitmachen. Vergleichen Sie sich nicht mit anderen, sondern trauen Sie Ihrer Liebe. Aber wenn Sie nur eine Grabplatte auf das Grab legen, dann sind Sie erst recht abhängig von den anderen. Weil Sie den Wettbewerb nicht mitmachen wollen, machen Sie es ganz anders. Sie lassen sich also vom Verhalten der anderen bestimmen. Lassen Sie sich lieber vom Wunsch der Mutter bestimmen. Aber führen Sie diesen Wunsch dann so aus, dass es auch für Sie persönlich stimmt. Schauen Sie nicht darauf, wie die anderen Gräber auf diesem Friedhof geschmückt werden, sondern pflegen Sie das Grab so, dass Ihre ganz eigene Liebe zur Mutter darin zum Ausdruck kommt.

Lassen Sie sich vom Wunsch der Mutter bestimmen. Aber führen Sie ihn dann so aus, dass es auch für Sie persönlich stimmt.

Mein Leben lang habe ich mich bemüht, für andere da zu sein, besonders für meine Familie. In letzter Zeit habe ich aber immer öfter das Gefühl, dafür nicht genug Dankbarkeit zu ernten. Für meine Kinder – der Sohn 18 und die Tochter 21 Jahre alt – ist es selbstverständlich, dass ich immer da bin, wenn sie etwas brauchen. Mein Mann weiß auch nicht zu schätzen, dass ich als Hausfrau sehr viel Arbeit habe – auch solche, die er gar nicht wahrnimmt, während er sich im Glanz beruflicher Erfolge sonnt. Und meine Mutter beschwert sich auch immer öfter, dass ich zu wenig Zeit für sie hätte. Dabei ist sie einmal pro Woche den ganzen Tag bei mir. Bin ich eine schlechte Christin, weil ich mir Anerkennung wünsche, statt immer nur in aufopfernder Nächstenliebe zu handeln?

Wie kann ich meiner Familie beibringen, dass ich etwas mehr Anerkennung bräuchte?

Es ist natürlich, dass Sie Dankbarkeit erwarten, wenn Sie sich für andere einsetzen. Sie sind deswegen keine schlechte Christin. Aber die Erwartungen möchten Sie in die Demut führen. Ihr Helfen ist eben nicht ganz selbstlos. Sie knüpfen Wünsche daran. Das Gefühl der Enttäuschung soll Ihnen zeigen, dass Sie ein neues Gleichgewicht finden sollten zwischen dem, was Sie für andere tun, und dem, was Sie für sich tun. Wenn Sie nur für andere da sind, werden Sie nie die Dankbarkeit erfahren, die Sie gerne möchten. Sie spüren, dass Sie eben nicht ganz selbstlos handeln, sondern auch etwas dafür haben möchten: eben die Dankbarkeit.

Der eine Weg wäre also, sich zu sagen: Ich bin für meine Familie da, weil ich es will und weil ich es so für angemessen halte, nicht damit ich Dankbarkeit erfahre. Aber zugleich sollten Sie sich fragen: Wo vernachlässige ich meine Bedürfnisse? Wo verbittere ich, weil ich meine eigenen Wünsche immer zurückgestellt habe? Dann sollten Sie auch überlegen, dass Sie gut für sich selbst sorgen und sich das, wonach Sie sich sehnen, auch gönnen. Sie sind für sich und ihr inneres Wohlgefühl verantwortlich. Sie dürfen sich nicht völlig abhängig machen von der Dankbarkeit der anderen. Denn dann werden Sie immer enttäuscht sein.

Wenn Ihre Mutter sich beschwert, dass Sie zu wenig Zeit für sie haben, sollten Sie diese Wünsche nach mehr Zeit zwar wahrnehmen. Aber Sie sollten sich nicht unter Druck setzen lassen. Mütter rufen in ihren Töchtern oft Schuldgefühle hervor, dass sie zu wenig Zeit für sie haben. Sie sollten sich keine Schuldgefühle machen lassen. Entscheiden Sie, wie viel Zeit Sie für die Mutter aufbringen. Und alle anderen Wünsche hören Sie, aber Sie lassen sie bei der Mutter. Ja, die Mutter darf Erwartungen haben. Aber Sie müssen die Erwartungen nicht unbedingt erfüllen. Fühlen Sie sich frei, dann können Sie diesen einen Tag pro Woche gut für die Mutter da sein. Sie darf diese Wünsche äußern. Aber Sie dürfen sich nicht unter Druck setzen, diese Wünsche auch dauerhaft erfüllen zu müssen. Sie haben sich für Ihr Maß an Zuwendung entschieden. Und dazu sollten Sie stehen.

Sie sind für sich und ihr inneres Wohlgefühl verantwortlich. Sie dürfen sich nicht völlig abhängig machen von der Dankbarkeit der anderen.

Mein Mann und meine Kinder wollen jedes Jahr im Urlaub gemeinsam verreisen. Doch alle Last der Vorbereitung liegt bei mir. Ich muss die Unterkunft aussuchen und buchen und auch beim Packen an alles denken. Dank gibt es dafür nicht. Nur wenn etwas nicht klappt, wenn ich etwas beim Einpacken vergessen habe oder wenn die Pension nicht so ist, wie mein Mann und meine Kinder das erwarten, dann werde ich kritisiert. Ich kann mich gar nicht mehr auf den gemeinsamen Urlaub freuen – und doch ich spüre auch, dass ich mir damit selber schade.

Ich will nicht immer verantwortlich sein, wenn etwas nicht klappt.

Sie sollten nicht alle Verantwortung für den Urlaub auf sich nehmen. Sonst werden Sie auch zum Sündenbock, wenn manches nicht so gelingt, wie die anderen das erwarten. Besprechen Sie die nächste Urlaubsreise gemeinsam und überlegen Sie, wie Aufgaben und Verantwortlichkeiten aufgeteilt werden können. Sie tun sich selber, aber auch der Familie keinen Gefallen, wenn die anderen nur Zuschauer bleiben, die dann kritisieren, was Sie machen. Wenn jeder Verantwortung übernimmt, dann merken alle, dass die äußeren Dinge nie perfekt geplant werden können, aber auch, was es heißt, an so vieles denken zu müssen. So entsteht auch mehr Gemeinschaftsgefühl. Die Verantwortung zu verteilen, ist also der erste Schritt. Und noch etwas ist wichtig: Setzen Sie sich selber nicht unter Druck. Gehen Sie gelassen in den Urlaub. Wenn etwas nicht so klappt, nehmen Sie es als gute Herausforderung an die Flexibilität der Familie. Entscheidend ist, dass Sie miteinander in Urlaub fahren. Tun Sie also das, was Sie können und vertrauen Sie darauf, dass auch die anderen ihren Beitrag leisten. Und vertrauen Sie auch der Spontaneität Ihrer Kinder, die das ursprüngliche Programm immer wieder mal durcheinander bringen, aber so auch das Miteinander immer wieder erfrischen.

> Das Miteinander ist entscheidend. Tun Sie also das, was Sie können und vertrauen Sie darauf, dass auch die anderen ihren Beitrag leisten.

*I*mmer wenn ich etwas Neues wage, höre ich in mir die Stimme meines Vaters: Du kannst das sowieso nicht. Du wirst das nicht schaffen. Ausgerechnet du willst so etwas anfangen. Ich kenne diese negativen Stimmen. Aber ich kann mich kaum dagegen wehren.

Mein Vater hat mir nie selber etwas zugetraut.

Matthäus erzählt uns in seiner Auferstehungsgeschichte, wie die Todeswächter, die das Grab Jesu bewachten, tot zu Boden fielen. Das ist für uns ein Hoffnungszeichen. Wenn der Engel Gottes in unser Leben eintritt, dann werden auch unsere Todeswächter entmachtet. Aber was können wir dazu beitragen? Der erste Schritt besteht darin, diese Stimmen wahrzunehmen. Sie werden immer wieder kommen. Ich höre sie. Ich sage zu ihnen: „Ich kenne euch. Aber ich folge euch nicht. Ich gebe euch heute keine Macht. Ich tue heute das, was ich selber spüre. Ich bin nicht mehr das Kind, das ihr manipulieren könnt." Ich nehme die Stimmen also wahr und distanziere mich von ihnen. Dadurch verlieren sie an Macht.

Ein anderer Weg besteht darin, in einem Ritual diese Todeswächter zu begraben. Sie können einen Stein nehmen und sich in ihn hinein meditieren. Woran erinnert Sie der Stein, an welche Last, an welche belastende und niederdrückende Stimme? Dann begraben Sie diesen Stein. Sie können es bewusst vor einem vertrauten Menschen tun und beim Begraben auch mit Worten erklären, was Sie da für immer begraben wollen. Ein anderes Ritual würde darin bestehen, sich ein paar Steine zu suchen und jeden Stein mit einem ganz bestimmten Satz des Vaters oder einer anderen Person

Ich nehme die Stimmen wahr und distanziere mich von ihnen. Dadurch verlieren sie an Macht.

zu verbinden und ihn dann mit Kraft in einen Fluss oder in einen See zu werfen. Das kann Sie ein Stück weit von der Macht dieser Stimmen befreien. Aber Sie brauchen Geduld. Die Stimmen werden wieder kommen. Sie sollen sich dann an das Ritual erinnern, daran, dass Sie den Stein begraben haben und begraben sein lassen oder dass Sie ihn ins Wasser geworfen haben und er dort gut aufgehoben ist.

*V*or fünf Jahren haben sich meine Eltern getrennt. Seitdem ist der Kontakt zu meinem Vater eigentlich nicht mehr vorhanden. Ich habe kein Interesse an seiner Person und seinem Leben. Ich rufe ihn nicht einmal an seinem Geburtstag an. Er meldet sich im Gegenzug auch nicht. Ich kann die Gleichgültigkeit ihm gegenüber nicht überwinden.

Bin ich eine schlechte Tochter?

Sie sollen sich zu nichts zwingen. Aber es ist auch im eigenen Interesse, dass Sie Ihre väterlichen Wurzeln wieder finden. Nur so kann Ihr Lebensbaum blühen.

Sie sollen Ihr Verhalten Ihrem Vater gegenüber nicht werten. Aber offensichtlich leiden Sie unter dieser Gleichgültigkeit. Ich würde da erst einmal hinschauen, warum Ihr Vater Sie nicht interessiert. Ist es die Verletzung, dass er Sie verlassen hat? Wäre der Schmerz zu groß, diese Verletzung anzuschauen? Wenn Sie Ihren Vater anschauen, was fasziniert Sie an ihm? Was hat Sie als kleine Tochter angezogen? Sie haben auch Wurzeln in Ihrem Vater. Wenn Sie diese Wurzeln völlig abschneiden, fehlt Ihnen etwas Wesentliches. Daher wäre es sicher sinnvoll, wieder Kontakt mit dem Vater aufzubauen. Sie sollen sich dazu nicht zwingen und Sie sollen sich auch nicht verbiegen. Aber es ist auch im eigenen Interesse, dass Sie Ihre väterlichen Wurzeln wieder finden. Nur so kann Ihr Lebensbaum blühen.

Mein Sohn verweigert uns Eltern den Kontakt. Er hindert uns auch daran, zu unserem Enkelkind Kontakt aufzubauen. Wir verstehen nicht, wie er sich so abschotten kann. Und wir leiden unendlich darunter.

Was haben wir nur falsch gemacht?

Es tut weh, wenn sich der Sohn von den Eltern abwendet und den Großeltern das Enkelkind vorenthält. Was Ihren Sohn dazu führt, weiß ich auch nicht. Ich kann mir nur vorstellen, was ihn bewegt. Vielleicht hat er den Eindruck, dass er sich abnabeln muss, weil er es bisher zu wenig getan hat. Es gibt manchmal Söhne, die auf einmal merken, dass sie noch gar nicht wissen, wer sie eigentlich sind. Und dann müssen sie ihre Identität mit Gewalt darstellen, indem sie sich völlig von den Eltern distanzieren. Das ist natürlich ein Zeichen von Unreife. Aber manchmal brauchen Söhne diese Phase, um dann zu sich selbst zu finden. Sie können also gar nicht viel tun, als beten und hoffen, dass sich im Sohn etwas verwandelt und dass er eines Tages wieder fähig wird, einen normalen Kontakt zu seinen Eltern aufzubauen. Ich würde an Ihrer Stelle auf jeden Fall Weihnachten und am Geburtstag und Namenstag einen Gruß schicken oder einen Brief schreiben, keinen Brief mit Vorwürfen, aber dennoch einen Brief, in dem Sie Ihren Schmerz ausdrücken und die Bereitschaft, alles zu tun, damit ein gutes Verhältnis möglich wird. Und Sie sollen Ihrem Sohn all das wünschen, was er braucht, um ganz er selbst zu werden und in seinem Leben glücklich zu werden.

Manchmal brauchen Kinder solche Phasen.

Mein Patenkind, 19, ist ungewollt schwanger. Sie bekommt weder Unterstützung von ihren Eltern noch vom Vater des Kindes und würde daher am liebsten abtreiben. Ich will das zwar nicht, kann sie aber verstehen.

Wie kann ich sie überzeugen, dass eine Abtreibung falsch wäre?

Bestärken Sie die Freude, machen Sie Mut, dass sie durch das Kind auch mit neuen Seiten und Kräften und Fähigkeiten in sich in Berührung kommt.

Ich würde Ihrem Patenkind Mut machen, das Kind auszutragen. Ich würde nicht vom Verbot der Abtreibung her argumentieren, sondern von den Auswirkungen auf ihre Psyche. Ich habe so viele Mütter erlebt, die in einer Notsituation abgetrieben haben, dann aber nicht damit fertig geworden sind.

Eine Abtreibung hinterlässt in jeder Mutter Schuldgefühle und Selbstvorwürfe. Daher sollten Sie Verständnis aufbringen, dass es nicht so einfach ist, mit 19 Jahren ein Kind zu bekommen. Aber in jeder Mutter ist auch die Freude auf ein Kind, das in ihr wächst. Diese Freude sollten Sie bestärken, und ihr Mut machen, dass sie durch das Kind auch mit neuen Seiten und Kräften und Fähigkeiten in sich in Berührung kommt. Mit der Geburt wird auch die Kraft in ihr wachsen. Sie wird dadurch reifer werden.

*I*n der Erbschaftsangelegenheit nach dem Tod der Eltern gab es Missverständnisse zwischen uns Geschwistern. Seitdem ist es mir nicht mehr möglich, mit meiner Schwester in Kontakt zu kommen. Sie lehnt ein Klärungsgespräch ab. Das tut mir weh, denn wir sind nur zu zweit. Ich fühle mich hilflos. Ich möchte Versöhnung, habe aber keine Chance.

Ich kann mit dieser unversöhnten Situation nur sehr schlecht umgehen.

Wenn Ihre Schwester jedes Gespräch ablehnt, bleibt Ihnen nur der folgende Weg: Sie sollten versuchen, in sich selbst mit ihrer Schwester versöhnt zu sein. Hegen Sie ihr gegenüber keinen Groll. Betrauern Sie, dass momentan keine Beziehung möglich ist. Und betrauern Sie, dass Ihre Schwester sich so verschlossen hat. Zugleich aber können Sie für Ihre Schwester beten und sie segnen, in der Hoffnung, dass sie mit sich selbst Frieden findet. Und wenn sie mit sich selbst Frieden findet, dann wird sie auch wieder offen sein für ein Gespräch. Schreiben Sie Ihr jedes Jahr zu Weihnachten und zum Geburtstag einen persönlichen Brief oder eine Glückwunschkarte, ohne auf den Konflikt einzugehen und ohne Vorwürfe. Wünschen Sie Ihrer Schwester das, was sie für sich braucht: Frieden, Gesundheit, Freude, Hoffnung und Zuversicht. Wünschen Sie ihr den Engel der Gelassenheit, damit Sie manches gelassener anschauen kann. Und vertrauen Sie darauf, dass irgendwann einmal das Eis bricht und Ihre Schwester eine Einladung zum eigenen Geburtstag annimmt.

Vertrauen Sie darauf, dass das Eis brechen wird.

M eine Eltern und meine Schwiegereltern erwarten, dass
wir am ersten und zweiten Weihnachtstag zu ihnen
kommen, um sie mit unseren Kindern zu besuchen. Doch ich
spüre, dass uns diese beiden Besuche immer die eigene
Weihnachtsfreude rauben. Aber ich habe Angst, den Besuch
abzusagen. Ich weiß: Dann sind meine Eltern und Schwiegereltern beleidigt. Ich muss mich entscheiden. Aber ich spüre,
dass mir die Entscheidung Druck macht und dass sie wie ein
Schatten auf der ganzen Festvorbereitung liegt.

Der Weihnachtsfrieden der Familie ist ernsthaft in Gefahr.

Überlegen Sie mit Ihrem Mann zusammen, wie Sie sich
selbst das Weihnachtsfest vorstellen, was Sie für sich
und Ihre Familie brauchen, um Weihnachten so zu feiern, dass es dem Geheimnis des Festes entspricht. Und
dann überlegen Sie, wie Sie mit den Erwartungen der
Eltern und Schwiegereltern umgehen. Dass die beiden
Erwartungen haben, ist ganz natürlich. Und Sie sollen
ihnen keine Vorwürfe machen, dass sie Erwartungen
haben. Aber wie Sie auf die Erwartungen reagieren,
das ist allein Ihre Entscheidung. Suchen Sie nach einer
Lösung, die Ihre eigenen Vorstellungen berücksichtigt
und zugleich eine für Sie angemessene Antwort auf die
Erwartungen Ihrer Eltern und Schwiegereltern ist. Aber
entscheiden Sie sich und dann teilen Sie Ihre Entscheidung den Eltern und Schwiegereltern freundlich mit. Es
kann sein, dass die Reaktion nicht sehr verständnisvoll
ausfällt. Damit müssen Sie rechnen. Sie sollen dann
Ihre Entscheidung nicht mit vielen Worten begründen

und sich tausendmal entschuldigen. Haben Sie Verständnis für die Reaktion Ihrer Eltern. Und lassen Sie ihnen Zeit, sich mit der Entscheidung anzufreunden. Aber bleiben Sie bei Ihrer Entscheidung. Wenn Sie mit negativen Gefühlen zu den Eltern und Schwiegereltern fahren, hat niemand etwas davon. Nutzen Sie dann die Zeit, die Sie Ihren Eltern und Schwiegereltern schenken, indem Sie ganz präsent sind und offen und warmherzig. Dann wird das Weihnachtsfest für alle zum Segen werden.

Haben Sie Verständnis für die Reaktion Ihrer Eltern. Und lassen Sie ihnen Zeit, sich mit der Entscheidung anzufreunden. Aber bleiben Sie bei Ihrer Entscheidung.

*I*ch habe meine Mutter gepflegt und alles für sie getan, was mir möglich war. Jetzt ist sie gestorben. In ihrem Testament hat sie meinen Bruder bevorzugt, der nichts für sie getan hat. Wie werde ich meine Bitterkeit meinem Bruder gegenüber los, der offensichtlich meine Mutter dazu gebracht hat, ihren letzten Willen zu seinem Vorteil abzuändern?

Dieses Testament hat mich tief verletzt.

Ich kann Ihre Enttäuschung gut verstehen. Sie müssen betrauern, dass Ihre Mutter Ihren Einsatz, den Sie für sie geleistet haben, nicht gewürdigt hat, sondern wohl dem Drängen des Bruders nachgegeben hat. Diese Trauer über die Enttäuschung tut weh. Aber das Ziel des Betrauerns ist, dass Sie durch den Schmerz hindurch in den Grund Ihrer Seele gelangen. Und dort können Sie innere Freiheit und inneren Frieden erfahren. Dann spüren Sie auch: Ich habe für meine Mutter gesorgt und konnte mich gut von ihr verabschieden. Dass das Testament so ausgefallen ist, tut mir weh. Aber ich habe meine Mutter nicht gepflegt, damit ich mehr Geld aus dem Erbe bekomme. Ich habe es getan, um ihr meine Liebe zu erweisen. Und das hinterlässt in mir ein gutes Gefühl. Alles andere ist daneben nicht so wichtig. Wichtiger als Geld ist die Erinnerung an die Begegnungen mit meiner Mutter und an das, was ich ihr aus Liebe getan habe. Diese Erinnerung führt mich dazu, mit mir im Reinen zu sein. Und das ist wichtiger als alles andere.

Mit mir selbst im Reinen zu sein, ist wichtiger als alles andere.

Meine Schwester und ihre Kinder werfen mir ständig vor, ich sei zu egoistisch, weil ich mich zu wenig um meine alte Mutter kümmere. Dabei wohne ich weit weg von ihr. Wenn ich nach Hause komme, erfahre ich nur Vorwürfe und ganz massive Schuldzuweisungen.

Wie kann ich mich gegen die Schuldgefühle schützen?

Wenn jemand uns Schuldgefühle ein-impft, springt eine Seite in uns sofort an. Denn wir haben keine Garantie, dass das, was wir tun, absolut richtig ist. Sie müssen vor sich und Ihrem eigenen Gewissen entscheiden, wie viel Sie für Ihre Mutter tun können und wo Sie für sich selber sorgen müssen. Und zu dieser Entscheidung sollen Sie dann stehen. Wenn dann Ihre Schwester und deren Kinder Ihnen ständig Vorwürfe machen, dann sollten Sie genau hinschauen, was sie damit vermitteln. Vielleicht ist es ihr eigenes schlechtes Gewissen, das sie nun auf Sie projizieren. Vielleicht tun sie selbst nicht genug für ihre Mutter oder aber sie spüren inneren Widerstand, für die Mutter zu sorgen. Um sich das nicht einzugestehen, projizieren sie ihre eigenen Probleme auf Sie, um Sie durch die Schuldgefühle gefügig zu machen. Es ist wichtig, dass Sie diese Mechanismen der Projektion bei Ihrer Schwester lassen. Beobachten Sie, was für Rollen und was für Theater sie jeweils spielt. Aber spielen Sie selbst nicht mit. Sie tun das, was Sie vor Ihrem Gewissen für richtig halten. Und dazu stehen Sie auch.

> Stehen Sie zu dem, was Sie für richtig halten.

*I*ch habe meiner Mutter versprochen, sie selbst zu pflegen und nicht ins Pflegeheim zu geben. Doch da ich selbst krank wurde, musste ich sie – auch auf Drängen des Arztes und meiner Geschwister hin – doch ins Pflegeheim geben. Ich besuche sie jeden Tag. Doch ich kann nachts nicht einschlafen. Ständig höre ich in mir die Stimme: „Du hast es ihr versprochen und Dein Versprechen nicht gehalten."

Wie kann ich wieder in mir Ruhe finden?

Sie haben einen unbarmherzigen Richter in Ihnen. Der wirft Ihnen ständig vor, dass Sie Ihr Versprechen nicht gehalten haben. Das ist nicht die Stimme Gottes, sondern die Stimme des Über-Ichs. Wenn diese Worte in Ihnen ertönen, dann halten Sie sich selbst in Ihrer Ohnmacht und halten Sie Ihre pflegebedürftige Mutter in die Barmherzigkeit Gottes hinein. Vertrauen Sie, dass Ihre Mutter in guten Händen ist. Und vertrauen Sie darauf, dass Gottes Barmherzigkeit größer ist als der unbarmherzige Richter in Ihnen. Aber Gottes Barmherzigkeit will Sie auch zur Demut führen, dass Sie nicht alles können, was Sie möchten und was Sie versprechen. Söhnen Sie sich aus mit Ihren eigenen Grenzen und gehen Sie barmherzig mit sich selber um. Dann kommen Sie wieder zur Ruhe. Und wenn diese Gedanken trotzdem wieder hochkommen, dann sagen Sie mit Petrus in aller Demut: „Herr, du weißt alles. Du weißt auch, dass ich dich liebe." (Joh 21,17)

Söhnen Sie sich mit Ihren eigenen Grenzen aus.

Meine Tochter hat jeden Kontakt mit mir abgebrochen. Sie verweigert die Annahme meiner Briefe, legt den Hörer sofort auf, wenn ich anrufe. Ich weiß nicht, warum. Ich möchte so gerne mit ihr darüber sprechen.

Wie kann ich noch einmal eine gute Beziehung zu meiner Tochter aufbauen?

Was Sie erleben, ist schmerzlich. Viele Eltern machen sich in einer solchen Situation Schuldgefühle: Was habe ich verkehrt gemacht? Habe ich meine Kinder falsch erzogen? Aber es hat wenig Sinn, sich selbst mit Schuldgefühlen zu zerfleischen. Der erste Schritt ist: betrauern, dass es so ist, wie es ist. Den Schmerz zulassen, dass die Tochter die Beziehung abgebrochen hat, sich bewusst machen, dass Ihre Tochter mit Ihnen nicht sprechen will, obwohl Sie es gut mit ihr meinen. Und Sie sollen die Ohnmacht zulassen, von sich aus die Beziehung zu heilen. Es hat wenig Sinn, ein Gespräch zu erzwingen. Auch wenn Sie akzeptieren, dass Ihre Tochter das momentan nicht will, dürfen Sie die Hoffnung nicht aufgeben, dass wieder eine Beziehung möglich wird. Beten Sie für Ihre Tochter, dass sie inneren Frieden findet. Und halten Sie im Gebet Ihre eigene Ohnmacht Gott hin und bitten Sie Gott, dass er in Ihnen und in der Tochter in dieser Zeit des Abbruchs das Unverständliche und das Getrübte klärt. Das Gebet stärkt Ihre Hoffnung, dass die Beziehung geheilt wird.

Sie dürfen die Hoffnung nicht aufgeben. Aber sie sollten auch nichts erzwingen.

*I*ch merke, dass mich meine Kinder immer weniger brauchen. Sie wehren sich gegen meine Fragen, wie es in der Schule geht. Ich spüre, dass es ihnen nicht immer gut geht. Aber sie kommen nicht zu mir, um sich helfen zu lassen. Wenn ich nachfrage, antworten sie, sie wüssten selbst, wie sie zurecht kommen. Ich weiß gar nicht mehr, wie reagieren.

Das Verhalten der Kinder tut mir weh.

Wichtig ist, dass Sie auch für sich selber etwas tun. Sie dürfen die Reaktionen nicht persönlich nehmen. Es ist einfach die Unsicherheit der Kinder. Es ist für Sie sicher nicht leicht, mit anzusehen, dass es dem Sohn oder der Tochter gerade nicht so gut geht, dass sie hin- und hergerissen ist, ohne dass Sie ihm oder ihr helfen können. Da bleibt oft nur das Gebet für die Kinder und das Gespür, wo Sie sie allein lassen und wo Sie sie ansprechen sollen. Wenn sie sich der Hilfe verschließen, würde ich das respektieren und warten, bis sie von sich aus kommen. Nehmen Sie einfach liebevoll wahr, was sich in ihnen tut. Aber zugleich ist es wichtig, dass Sie auch für sich etwas tun. Wenn Sie nur auf die Kinder fixiert sind, ist die Abweisung umso schmerzlicher. Leben Sie auch selbst. Schauen Sie, was Ihnen gut tut. Wenn die Kinder sehen, dass Sie für sich etwas tun, dass Sie neue Interessen haben, dann ergeben sich vielleicht wieder neue Anknüpfungspunkte. Die Pubertät Ihrer Kinder ist auch für Sie eine Herausforderung, das eigene Leben neu zu überdenken und das Potential, das Gott in Ihre Seele gelegt hat, zu entfalten.

Wenn ich psychologische Bücher lese und erkenne, wie viel seelisches Leid durch falsche Erziehung verursacht werden, bekomme ich ein schlechtes Gewissen. Da fallen mir meine eigenen Fehler ein. Vieles bei der Erziehung habe ich zwar gut gemeint, aber schlecht gemacht.

Ich kann doch alte Erziehungsfehler jetzt nicht wieder gut machen.

Fixieren Sie sich nicht auf Defizite. Schauen Sie, was aus Ihren Kindern geworden ist. Sie machen Ihnen keine Vorwürfe. Sie kommen gut mit ihrem Leben zurecht. Und wenn Sie bei einem Sohn oder einer Tochter das Gefühl haben, dass sie nicht ins Leben kommen, dann sollen Sie nicht alle Schuld bei sich selbst suchen. Damit lähmen Sie sich selbst und helfen den Kindern nicht. Es gibt eben Kinder, die trotz guter Erziehung das Leben nicht schaffen. Sie haben gegeben, was Sie geben konnten. Vielleicht war es nicht genug für die Kinder. Aber jetzt sollen Sie darauf vertrauen, dass die Kinder selbst die Verantwortung für ihr Leben übernehmen. Wenn ich für mich die Verantwortung übernehme, dann bekommen auch die Defizite und die Verletzungen meiner Lebensgeschichte ihren Wert. Sie brechen mich auf, damit ich mich auf den Weg mache, damit ich nicht einfach stehen bleibe. Sie haben mich zu einem sensiblen Menschen gemacht, der nicht alles für selbstverständlich nimmt, der auch andere Menschen verstehen kann. Vertrauen Sie darauf, dass Ihre Kinder auch durch Umwege oder Irrwege ihren Weg finden.

> Sie haben gegeben, was Sie geben konnten.

Neulich sagte mir jemand, der mit meinem Sohn
Probleme hat: „Der Apfel fällt nicht weit vom Stamm."
Das hat mich sehr verletzt.

Bin ich denn daran schuld,
dass mein Kind so ist, wie es ist?

Sie sollten sich nicht
selber klein machen.

Das Sprichwort, das Ihnen da jemand an
den Kopf geworfen hat, ist wirklich ver-
letzend. Es ist ein Vorwurf an Sie, dass Sie Ihren Sohn
so erzogen haben. Sie haben Ihrem Sohn gegeben, was
Sie geben konnten. Vielleicht war es nicht genug für
ihn. Aber es ist seine Entscheidung, was er daraus
macht. Natürlich tut es weh, wenn der Sohn sich anders
entwickelt, als Sie sich das vorgestellt haben. Aber das
ist nicht Ihre Schuld. Sie sollen sich also weder rechtfertigen noch selbst anschuldigen. Es gibt keine Erziehung,
die vollkommen ist. Unsere Aufgabe besteht darin, aus
dem, was wir von den Eltern empfangen haben, unser
eigenes Leben zu formen. Wir sind für uns selbst verantwortlich und dürfen die Schuld nicht den Eltern zu-
schieben. Halten Sie das, was Sie gegeben haben, Gott
hin, damit er es im Sohn aufblühen lässt. Segnen Sie
Ihren Sohn, dass das Gute, das in ihm liegt, sich stärker
entfaltet als seine negativen Eigenschaften. Und halten
Sie sich und den Sohn in das Erbarmen Gottes und fühlen Sie sich getragen von seiner Barmherzigkeit. Dann
kommen Sie innerlich zur Ruhe und können dieses
Sprichwort loslassen, anstatt sich selbst mit diesem
Wort zu verletzen und nach unten zu ziehen.

4. GLAUBEN, BETEN, ZWEIFELN –
Fremde Heimat Kirche und spirituelle Praxis

Viele Menschen, die sich mit ihren Fragen an mich wenden, haben eine religiöse Erziehung genossen, erleben die Kirche aber nicht mehr so wie früher. Und sie werden damit konfrontiert, ihren Glauben in einer Welt zu bekennen, die Kirche und Religion in Frage stellt. Sie machen sich Gedanken, wie sie ihren Glauben selber verstehen können. Und es gibt die uralten Fragen nach dem Leid und dem Bösen, nach dem unverständlichen Gott. Jeder Mensch ist sein eigener Theologe. Und jeder hat seine ureigenen theologischen Fragen, die irgendwann in jedem aufbrechen. Dann suchen die Menschen Antworten, die nicht nur ihren Verstand, sondern auch ihr Herz zufrieden stellen.

Glaube ist heute nicht mehr selbstverständlich. Viele sind aufgewühlt von ihren eigenen Zweifeln. Sie spüren, dass sie mit ihrem Glauben stehen geblieben sind. Jetzt möchten sie ihn vor ihrer eigenen Vernunft rechtfertigen. Ich spüre in manchen Fragen, dass viele offensichtlich in ihrer Umgebung keine angemessenen Gesprächspartner haben, mit denen sie über ihren Glauben vernünftig sprechen können.

Es ist heute auch nicht mehr selbstverständlich, alte Traditionen weiterzuführen. Eine wichtige Frage ist für viele Menschen daher auch, wie sie das Kirchenjahr feiern sollen, persönlich und in der Familie. Alte Bräuche müssen immer wieder neu gedeutet werden, damit sie für uns heute eine Bedeutung bekommen und unserer Sehnsucht angemessenen Ausdruck verleihen.

Meine Tochter hat drei kleine Kinder, aber keines davon hat sie taufen lassen. Ich verstehe nicht, warum. Ich habe meine Tochter aus tiefster Überzeugung katholisch erzogen. Sie lehnt das heute grundsätzlich ab, sie will nicht, dass ich mit ihren Kindern über Gott spreche. Auch wenn sie bei mir zu Mittag essen, soll ich auf das Tischgebet verzichten.

Ich möchte meinen Enkeln doch christliche Werte mit auf den Weg geben.

Achten Sie immer auf die eigene Würde.

Es tut natürlich weh, wenn Ihre Tochter Ihre Kinder nicht taufen lassen will. Das müssen Sie respektieren. Aber Sie brauchen sich nicht unter dem Diktat Ihrer Tochter fühlen. Wenn es für Sie stimmt, dass Sie zu Tisch beten, dann dürfen Sie das auch mit den Enkelkindern. Das brauchen Sie sich nicht von Ihrer Tochter verbieten lassen. Und Sie können auch mit den Kindern über Gott reden. Sie teilen mit den Kindern das, was Ihnen wichtig ist. Sie sollen sich nicht verbiegen. Zu Ihnen gehört der Glaube und über den dürfen Sie sprechen, zu wem Sie wollen. Die andere Frage ist, warum Ihre Tochter diese Haltung hat. Ich würde versuchen, das zu verstehen. Vielleicht ist es eine Verletzung oder Enttäuschung, die sie im Glauben oder in der Kirche erlebt hat. Vielleicht ist es aber auch nur das schlechte Gewissen, dass sie sich von dem entfernt hat, was ihr in der Jugend wichtig war. Es wäre gut, die Tochter zu verstehen. Dann finden Sie auch einen guten Weg, mit der Frage des Glaubens umzugehen. Aber achten Sie immer auch die eigene Würde.

Ich bete regelmäßig mit meinem Enkel. Dabei hat er mich vor ein paar Tagen gefragt, warum man sich eigentlich am Beginn und am Ende eines Gebets bekreuzigt. Ich habe mich damit schwer getan.

Wie kann ich einem Kind das Kreuzzeichen erklären?

Das Kreuzzeichen wurde schon im 1. Jahrhundert von den Christen bezeugt. Sie haben sich mit dem Kreuz bezeichnet, um auszudrücken, dass sie ganz und gar geliebt sind. Am Kreuz – so sagt Johannes – hat Jesus uns bis zur Vollendung geliebt. Im Kreuzzeichen halten wir diese Liebe Jesu an unsere Stirn, an unseren Bauch, an die linke und die rechte Schulter. Das bedeutet: Wir lassen die Liebe in unser Denken einströmen, damit die Gedanken aus der Liebe kommen und nicht aus Hass und Ablehnung. Wir lassen die Liebe in unsere Vitalität und Sexualität hinein strömen, damit sie gereinigt werden. Wir halten die Liebe an die linke Schulter, damit auch das Unbewusste in uns von dieser Liebe durchdrungen wird, und an die rechte Schulter, damit das Bewusste liebevoll wird. Links ist auch das Herz, rechts das Handeln. Wir lassen die Liebe ins Herz strömen und in unser Handeln, damit von unseren Händen etwas ausgeht, das den Menschen zum Segen wird.

> Wir lassen die Liebe ins Herz strömen und in unser Handeln, damit von unseren Händen etwas ausgeht, das den Menschen zum Segen wird.

*D*ie kritische Reaktion der katholischen Kirche auf den Medizinnobelpreis für den „Vater der Reagenzglasbabys" haben meine Zweifel an der Institution Kirche geschürt. Auch ich verdanke meine Zwillinge (inzwischen ein Jahr) der Medizin. Sie sind das größte Glück für mich und eigentlich würde ich sie gerne unter den Schutz Gottes stellen.

Soll ich meine Kinder trotz meiner Zweifel taufen lassen?

Sie können durchaus gegen Meinungen der Institution Kirche sein und trotzdem Ihre Zwillinge taufen lassen. Denn in der Taufe geht es nicht darum, dass wir Christen werden, die zu allem Ja und Amen sagen. In der Taufe geht es darum, dass in den wunderbaren Riten der Kirche dargestellt wird, was das Geheimnis des Kindes ist. In der Taufe wird das Kind mit Wasser begossen. Es soll nie innerlich vertrocknen oder sich erschöpfen. In ihm strömt die unerschöpfliche Quelle des Heiligen Geistes. Und das Kind wird gesalbt zum König und Propheten. Die Taufe tut nicht nur Ihren Kindern gut, sondern auch Ihnen, da Sie spüren, dass Ihre Kinder von einem Schutz umgeben sind, der größer ist als der, den Sie ihnen geben können.

In der Taufe wird in den wunderbaren Riten der Kirche dargestellt, was das Geheimnis des Kindes ist.

Mir fällt auf, dass immer Menschen in der Fastenzeit etwas anders zu leben versuchen. Ich finde Askese und Verzichten wichtig.

Mich stört, wenn jemand damit angibt, dass er fastet.

Jesus sagt, dass wir kein finsteres Gesicht tragen sollen, damit die Leute nicht merken, dass wir fasten. (Mt 6, 16) Nur Gott, der das Verborgene sieht, soll um unser Fasten wissen. Es gibt also die Gefahr, mit seinem Fasten anzugeben. Auf der anderen Seite ist es durchaus hilfreich, wenn Menschen für die Fastenzeit Zeugnis ablegen, wenn sie die Fastenzeit bewusst nutzen, um auf etwas zu verzichten. Es darf nur kein Angeben werden. Aber als Zeugnis kann es ja auch andere anstecken. Heute sind wir in Gefahr, dass die Fastenzeit aus der Öffentlichkeit verschwindet. Da ist es durchaus hilfreich, wenn Menschen darüber sprechen, wie sie die Fastenzeit nutzen. So wird deutlich, dass Fastenzeit eine öffentliche Zeit des Trainings in die innere Freiheit ist. Ich fand es durchaus sympathisch, als ein Fernsehjournalist in einem Interview mit mir über das Fasten öffentlich verkündete, dass er in der Fastenzeit auf Alkohol und Süßigkeiten verzichten wird. Das verpflichtet ihn. Und es lädt auch die Menschen ein, die Fastenzeit ernst zu nehmen.

> Bewusst zu fasten und darüber zu sprechen ist sinnvoll. Es darf nur kein Angeben werden. Aber als Zeugnis kann es ja andere anstecken.

Mir liegt sehr am Zusammenhalt in der Familie – auch und gerade auf der ganz praktischen Ebene des Zusammenlebens. Ich würde zum Beispiel gerne in der Fastenzeit einfacher kochen und öfter auf Fleisch verzichten. Doch mein Mann und meine Kinder rebellieren. Sie sagen, sie bräuchten eine gute Mahlzeit, um sich wohl zu fühlen und fit zu sein für ihre Arbeit. Soll ich einfach resignieren und ihre Wünsche erfüllen?

Wenn ich immer nur nachgebe, fühle ich mich auch nicht gut.

Überlegen Sie gemeinsam mit Ihrer Familie, wie Sie die Fastenzeit gestalten wollen oder wie Sie die letzte Woche vor Ostern, die Karwoche, besonders gestalten wollen. Sagen Sie, was Ihre Wünsche sind und warum Sie das wünschen. Und dann machen Sie konkrete Vorschläge. Dann fragen Sie den Mann und die Kinder, wie sie sich die Fastenzeit oder die Karwoche vorstellen. Wenn sie alles ablehnen, würde ich sie fragen: Ob das für sie eine Zeit wie jede andere sei? Es liegt aber in der Natur des Menschen, dass er sich Trainingszeiten in die innere Freiheit gönnt. Ob sich alle wirklich ganz frei fühlen? Oder wo haben die Kinder oder der Mann Vorschläge, Freiheit einzuüben? Vielleicht wird es ein kreatives Gespräch. Auf keinen Fall sollten Sie moralisieren: Das gehört sich für einen Christen. Mit solchen Bemerkungen wecken Sie nur Widerstand. Wenn Sie sich nicht auf einen gemeinsamen Weg einigen können, dann sagen Sie, was Sie für sich gerne täten. Dann wissen die Kinder und der Mann Bescheid und werden es auch respektieren. Und vielleicht lassen sie sich irgendwie auch anstecken von Ihrem konsequenten Weg, die Fastenzeit oder die Karwoche bewusster zu leben und nicht einfach nur an sich vorüberziehen zu lassen.

> Es liegt in der Natur des Menschen, dass er sich Trainingszeiten in die innere Freiheit gönnt. Das kann ansteckend sein.

Die Dame, die unsere Kirche schmückt, hat im letzten Jahr zur Osterzeit nicht nur Blumen am Altar aufgestellt, sondern auch Zweige mit Häschen, Ostereiern und Küken dran. Und auch meine Enkel reden ständig vom Osterhausen.

Sind Osterhasen und Ostereier nicht heidnische Symbole?

Die Symbole von Hase, Ei und Küken sind nicht typisch heidnisch. Sie sind alte Symbole von Fruchtbarkeit und von neuem Leben und für die ständige Erneuerung des Lebens. Die frühe Kirche hat diese Symbole und damit natürlich auch die Sehnsüchte, die alte Kulturen und Religionen mit diesen Symbolen verbanden, aufgegriffen und christlich gedeutet, sie also nicht ausgetilgt. Das Ei wurde im Christentum
immer als Auferstehungssymbol gesehen, weil Christus aus dem Grab hervorbrach wie das reife Küken aus dem Ei. Das Küken steht also in Zusammenhang mit dem Ei. Natürlich hat das Ei auch bei heidnischen Frühlingsfesten eine Rolle als Fruchtbarkeitssymbol gespielt. Aber die Christen haben die Sehnsucht, die mit diesem Symbol verbunden ist, auf Jesus Christus hin gedeutet.
Und wenn Ihr Enkel mit Ihnen über die Osterhasen sprechen will, dann ist es einerseits doch gut, dass Sie Ihren Kindern den christlichen Sinn der Feste vermittelt haben. Offensichtlich aber halten sich die Kinder jetzt nicht mehr daran, sondern nehmen die üblichen Symbole als Bilder für das Ostergeschehen. Sie können dem Kleinen ja erklären, dass der Osterhase Symbol für die ständige Erneuerung des Lebens ist. Es hat keinen

Sinn, das Symbol zu verbieten. Aber es wäre gut, wenn Sie es mit den Enkelkindern vertiefen und sagen, dass die Auferstehung unser Leben, das dem Tod verfallen ist, erneuert. Auf keinen Fall sollten Sie irgendwelche Märchen weiter erzählen, dass an Ostern der Osterhase kommt. Da kommt kein Osterhase. Die Menschen haben nur nach Bildern gesucht, um das Geheimnis von Ostern, von Christi Auferstehung, konkret ins Leben hinein zu übersetzen.

> Die Menschen haben immer nach Bildern gesucht, um das Geheimnis von Ostern, von Christi Auferstehung, konkret ins Leben hinein zu übersetzen.

*I*ch habe mich an Pfingsten über die Predigt beim Gottesdienst geärgert. Die Predigt war so pessimistisch. Der
Prediger hat nur über die schlechte Welt geschimpft. Er hat
mir den ganzen Gottesdienst vermiest und dazu das Pfingst-
fest, das ich sonst so liebe.

Was tun, wenn mich eine nichtinspirierte Predigt nur aufregt?

Ihr Ärger ist berechtigt. Wenn der Prediger nichts anderes zu sagen hat, als über die schlechte Welt zu schimpfen, dann hat er vom Pfingstgeheimnis nichts verstanden. Aber die Frage ist, wie Sie mit dem Ärger
umgehen. Sie haben dem Prediger zuviel Macht gegeben. Sie haben sich von ihm das Fest vermiesen lassen.
Ich würde den Ärger während der Predigt dazu nutzen,
nicht auf das zu hören, was der Prediger sagt. Ich würde
mir dann meine eigene Predigt halten. Was bedeutet für
mich Pfingsten? Oder wenn Sie trotzdem zuhören,
dann fragen Sie sich: Was würde Jesus auf diese Worte
des Predigers antworten? Und wie kann ich aus dem
Glauben eine Antwort geben, die mich befriedigt?
Dann sind Sie aktiv dabei. Dann geben Sie dem Prediger
keine Macht. Und nach dem Gottesdienst geben Sie der
schlechten Predigt keinen Raum in Ihrem Herzen. Werfen Sie mit Ihrem Ärger den Prediger und seine Predigt
aus sich heraus und wenden Sie sich dem zu, was für
Sie Pfingsten bedeutet. Vielleicht lesen Sie selbst in einem Buch über Pfingsten. Oder Sie lesen nochmals die
Texte und meditieren darüber. Oder aber Sie machen
eine Übung, die dem Pfingstgeist entspricht: Stellen

Sie sich in den Wind und lassen sich vom Wind durchwehen. Lassen Sie allen Ärger aus sich heraus wehen. Dann erleben Sie, was der Heilige Geist bedeutet. Dann erleben Sie auf Ihre persönliche Weise Pfingsten. Und Sie haben sich von der Macht der schlechten Predigt befreit, sie umgewandelt in eine eigene Pfingsterfahrung.

Fragen Sie sich selber: Was würde Jesus auf diese Predigt antworten?

Immer wieder erlebe ich, dass die Adventszeit einfach an mir vorbeirauscht. Früher haben wir in unserer Familie um den Adventskranz herum Adventslieder gesungen. Jetzt finden wir keine Zeit mehr dafür. Jeder geht seiner Wege.

Wie kann ich die Adventszeit wieder zu einer spirituellen Zeit machen?

Die äußeren Umstände sind heute nicht förderlich, um die Adventszeit als stille Zeit des Wartens zu erleben. Aber auch wenn man das akzeptieren muss – es gibt Wege, die helfen, diese Zeit sinnvoll zu gestalten. Nehmen Sie sich zum Beispiel in diesen vier Wochen vor, den Morgen mit einer stillen Zeit zu beginnen. Sie können sich Zeit nehmen, fünf Minuten vor einer brennenden Kerze zu sitzen und die Texte der Liturgie zu lesen und zu meditieren. Oder aber Sie bleiben einfach still vor der Kerze sitzen und horchen auf die Sehnsucht, die in Ihnen hochkommt. Eine andere Möglichkeit: Suchen Sie sich in der Adventszeit die Gottesdienste oder Adventskonzerte heraus, die Sie in die Stille führen und die Ihr Herz für Gott öffnen. Machen Sie sich einen persönlichen Adventskalender mit den Terminen, die Sie für sich selbst wahrnehmen wollen. Aber auch in der Familie können Sie wieder nach Ritualen suchen. Vielleicht ist es doch möglich, sich wenigstens an jedem Adventssonntag um den Adventskranz zu setzen, die Kerzen anzuzünden, Lieder zu singen oder einen Text vorzulesen. Sie könnten etwa das Sonntagsfrühstück auch meditativ gestalten, indem Sie dabei schweigen und adventliche Musik hören. Wenn Sie nach solchen

Familienritualen Ausschau halten, werden Sie sicher etwas entdecken, das Ihnen
gut tut. Fühlen Sie sich nicht nur als Opfer hektischer Zeitumstände. Gestalten
Sie Ihre Adventszeit. Dann wird sie eine gesegnete
Zeit für Sie werden.

Gestalten Sie Ihre
Adventszeit. Dann wird
sie eine gesegnete Zeit
für Sie werden.

*J*edes Jahr habe ich immer wieder die heile Welt erwartet, wie ich sie in den Weihnachten meiner Kindheit erlebt habe. Noch jedes Mal bin ich enttäuscht worden. Ich habe Angst, dass wir uns auch dieses Weihnachten wieder streiten, weil jeder die Leere spürt. Wie soll ich damit umgehen?

Wir feiern Weihnachten, aber das Geheimnis ist uns abhanden gekommen.

Sie nennen den eigentlichen Grund Ihrer Angst: die Leere. Das, was das Fest ausmacht, ist Ihnen entschwunden. Diese Leere erzeugt Aggressionen. Unsere innere Unzufriedenheit lassen wir dann am anderen aus. Dann ist er schuld, dass keine Weihnachtsstimmung aufkommt. Es kommt aber nicht darauf an, dass Sie die Gefühle der Kindheit an Weihnachten wieder spüren. Fragen Sie sich: Was bedeutet denn Weihnachten für mich heute? Woran glaube ich noch? Sagt mir das Geheimnis der Menschwerdung Gottes noch etwas? Wenn Sie sich schwer tun mit den theologischen Aussagen, dass Gott in Jesus Christus für uns Mensch geworden ist, um unser Menschsein mit seinem göttlichen Leben und mit seiner Liebe zu erfüllen, dann sollten Sie in Ihr eigenes Herz hinein horchen: Wonach sehnen Sie sich? Welche Sehnsüchte spricht das Weihnachtsfest in Ihnen an? Ist es die Sehnsucht nach Liebe, nach Frieden, nach Licht, nach Heimat, nach Geborgenheit? Dann versuchen Sie diese Sehnsucht mit der Botschaft von Weihnachten zu verbinden. Wenn Sie die Weihnachtsgeschichte mit offenen Ohren hören, wenn

Sie die Weihnachtslieder singen oder auch nur anhören, welche Sehnsucht steigt da in Ihnen hoch? Und können Sie sich vorstellen, dass diese Worte und diese Lieder keine leeren Verheißungen

Wenn Sie die Weihnachtslieder singen oder auch nur anhören, welche Sehnsucht steigt da in Ihnen hoch?

sind, sondern ihre tiefste Sehnsucht berühren und zu erfüllen vermögen? Sie sollen zuerst für sich selbst sorgen, dass Sie gut Weihnachten feiern können. Dann dürfen Sie auch vertrauen, dass von Ihnen eine gute Ausstrahlung auf Ihre Familie ausgeht. Und vielleicht können Sie etwas von dem mitteilen, was Ihnen wichtig ist an diesem Fest.

Kürzlich waren die Nachrichten voll von einem Erdbeben im Iran, und mir ist noch die Erdbebenkatastrophe in Haiti im Gedächtnis, die die Ärmsten der Armen traf, Menschen, die an sich schon durch alltägliches Elend, Krankheiten und viele andere Nöte gestraft sind? Für mich ergeben sich daraus entweder Zweifel an Gottes Allmacht oder Zweifel an seiner Liebe zu uns Menschen.

Warum straft Gott die Menschen, die er liebt, mit Naturkatastrophen?

Die Frage, warum Gott solche Erdbebenkatastrophen wie im Iran oder in Haiti zulässt, können wir nicht beantworten. Wir können Gott nicht in die Karten schauen. Wir wissen nicht, was Gott denkt. Durch solches Leid zerbricht unser übliches Gottesbild, etwa das Bild des allmächtigen und liebenden Gottes. Wenn Gott allmächtig ist, dann kann er das Leid verhindern. Wenn er liebend ist, dann müsste er uns davor verschonen. Leid zerbricht unsere Vorstellungen von Gott, damit wir jenseits unserer Vorstellungen an den unbegreiflichen Gott glauben, der aber in seiner Unbegreiflichkeit dennoch Liebe ist – nur eine Liebe, die anders ist, als wir sie uns vorstellen. Aber eines können wir gewiss sagen: Gott straft nicht.

Wenn Menschen das Leid als Strafe Gottes verstehen, dann ist es ihre eigene Deutung. Und oft entspricht diese Deutung Selbstbestrafungs-Tendenzen in der eigenen Seele. Wir können die Gedanken Gottes nicht erkennen. Daher können wir die Frage nach dem Warum nicht beantworten. Wir können nur überlegen, wie wir mit dem Leid umgehen. Und da hat uns Jesus Wege aufgezeigt. Einmal ist er selbst den Weg des Leidens gegangen und hat so unserem Leid einen Sinn gegeben: Im Leid erfahren wir die Gemeinschaft mit Jesus. Zum anderen hat er uns einen Schlüssel gegeben, wie wir das Leid verstehen sollen: Es zerbricht unsere Vorstellungen von Gott, von uns selbst und von unserem Leben, damit wir immer mehr aufgebrochen werden für das Geheimnis Gottes, für das Geheimnis unseres Lebens und für das ursprüngliche Bild Gottes in uns, für unser wahres Selbst.

Gott in seiner Unbegreiflichkeit ist dennoch Liebe – nur eine Liebe, die anders ist, als wir sie uns vorstellen. Aber eines können wir gewiss sagen: Gott straft nicht.

*B*ei meiner Suche nach dem Sinn unseres Lebens habe ich viele Bücher über Naturwissenschaft, insbesondere über die Evolution und die Entwicklung des Menschen gelesen.

Haben Atheisten nicht die besseren Argumente?

Als Gläubige sollen wir uns auch den Fragen der Atheisten stellen. Viele sind Atheisten, weil sie mit dem Gottesbild, das sie in ihrer Kindheit übernommen haben, nichts mehr anfangen können. Ihre Fragen sind für uns Anfragen, erwachsen an Gott zu glauben. Gott ist eben immer ganz anders, als wir ihn uns vorstellen. Zu Ihrer konkreten Frage: Dass jeder Mensch ein einmaliges und einzigartiges Bild Gottes ist, widerspricht nicht der Sicht der Evolution, dass der Mensch sich von seiner Struktur her von den Primaten herleitet. Die Sicht des Glaubens widerspricht nicht der Sicht der Naturwissenschaft. Beide Sichtweisen sehen etwas anderes im Menschen. Aber beides ist Wahrheit. Trotz aller Evolution ist jeder einzelne Mensch nicht nur Produkt seiner Eltern, nicht nur Produkt der Evolution, sondern zugleich ein einmaliges Bild Gottes. Dieses Bild Gottes, das Gott sich von jedem von uns gemacht hat, können wir nicht mehr beschreiben. Wir spüren nur, dass jeder von uns eine einmalige Person ist. So wie wir fühlen und denken, empfinden nur wir. Und jeder von uns gräbt seine ureigenste Spur in diese Welt ein. Das ist unsere Aufgabe, dass wir die Spur eingraben, die unserem Wesen, unserem einzigartigen Bild Gottes in uns entspricht.

*I*ch bin homosexuell und habe in mir aus meiner streng kirchlichen Erziehung immer noch die Aussage, das sei Sünde. Wie kann ich mich von diesem Schatten befreien?

Wie kann ich homosexuell und Christ sein?

Homosexualität als Veranlagung ist keine Sünde. Sie ist wertfrei zu sehen. Daher sollen Sie sich zunächst erst einmal aussöhnen mit Ihrer Homosexualität. Und Sie sollen auch entdecken, welche positiven Anlagen Sie haben. Homosexuelle Menschen haben oft ein besonderes Gespür für Spiritualität und für Ästhetik. Die andere Frage ist, wie Sie mit Ihrer Homosexualität umgehen und wie Sie die Sexualität leben können. Da gibt es zwei Möglichkeiten. Die erste meint, dass ich meine Homosexualität annehme, sie aber nicht sexuell lebe, sondern sie nur in Freundschaften ausdrücke. Die zweite Möglichkeit ist, dass ich meine Homosexualität auch sexuell lebe. Allerdings gilt dafür der Grundsatz, dass ich sie auf menschenwürdige Weise lebe. Menschenwürdig meint: in einer festen Freundschaft. Sexualität will von ihrem Wesen her Bindung und Verlässlichkeit. Sonst verselbständigt sie sich. Und dann werden wir von ihr gelebt, anstatt dass wir mit ihr leben. Sie müssen selbst vor Ihrem Gewissen entscheiden, was für Sie stimmt. Wenn Sie es mit Ihrem Gewissen vereinbaren können, dass Sie die Sexualität in einer festen Freundschaft leben, dann müssen Sie sich nicht vor Gott schuldig fühlen. Denn dann verwandeln Sie Ihre Sexualität in Liebe.

Immer geschehen böse Verbrechen, die Menschen begehen. Warum lässt Gott denn zu, dass Menschen anderen Leid zufügen, warum bringt er sie nicht auf den richtigen Weg?

Warum verhindert Gott das Böse nicht?

Gottes Geist ist in jedem. Doch wenn wir uns vor diesem Geist Gottes verschließen, dann kann er nicht auf uns wirken. Gott respektiert unsere Freiheit. Wenn wir uns frei gegen seinen Geist und sein Gebot entscheiden, dann entstehen so entsetzliche Dinge wie der Inzest oder der Amoklauf. Natürlich haben die Menschen, die so etwas tun, oft selbst eine schreckliche Kindheit erlebt. Weil sie Böses erfahren haben, geben sie Böses weiter. Sie lassen ihre Rachegefühle, die durch die Verletzung entstanden sind, an anderen unschuldigen Menschen aus. So entsteht ein Teufelskreis des Bösen. Wir wünschen uns manchmal, dass Gott doch dem Bösen ein Ende setze. Aber er überlässt es uns, dagegen anzugehen, nicht mit Gewalt, denn die erzeugt wieder Böses, sondern mit Liebe.

Es braucht Liebe und das Gebet, damit die Macht des Bösen aufgebrochen wird.

Wenn wir auch für solche Menschen beten, die in sich zerrissen sind, dürfen wir vertrauen, dass sich tief in ihrem verbohrten Herzen eine Wandlung vollzieht. Wir sind nicht ohnmächtig gegenüber dem Bösen. Aber wir müssen zugleich die Macht des Bösen anerkennen. Wenn sich über lange Generationen krankmachende Strukturen gebildet haben, lassen sie sich nicht durch den Appell an den guten Willen auflösen. Es braucht Liebe und das Gebet, damit die Macht des Bösen aufgebrochen wird.

Vor kurzem ist mein Vater gestorben. Er war aus der Kirche ausgetreten, meine Mutter ist Katholikin. Die beiden haben die Position des anderen immer respektiert und trotz dieses Gegensatzes eine recht harmonische Ehe geführt. Nun möchte meine Mutter gerne Messen für meinen Vater lesen lassen. Ihr wäre das ein großer Trost in ihrer Trauer, aber ich bin nicht sicher, ob er das gewollt hätte und außerdem:

Geht das denn – eine Messe für jemanden, der aus der Kirche ausgetreten war?

Es ist schön, dass Ihre Eltern trotz verschiedener Positionen eine harmonische Ehe geführt haben. Der Austritt aus der Kirche hängt ja oft mit Enttäuschungen und Konflikten zusammen. Ihre Mutter hat das Bedürfnis, in der heiligen Messe mit ihrem Mann Gemeinschaft zu erfahren. Und dieses Bedürfnis ist gut. Sie muss sich nicht fragen, was ihr Mann vor seinem Tod gewollt hat. Ihr Vater ist jetzt bei Gott – so dürfen Sie hoffen. Und bei Gott ist er nicht mehr von Vorurteilen geprägt. Er blickt durch. Und in Gott möchte er sicher auch Gemeinschaft mit seiner Frau erfahren, auch in der Form, die er während seines Lebens vielleicht abgelehnt hat. Wenn einer in Gott hinein stirbt, ist es nicht mehr so entscheidend, ob er in der Kirche war oder nicht.

Wenn ein Mensch in Gott hinein stirbt, ist es nicht mehr so entscheidend, ob er in der Kirche war oder nicht.

Mein Sohn hat sich kürzlich verlobt, nun planen er und seine Freundin die Hochzeit. Seine Verlobte besteht darauf, dass sie sich evangelisch trauen lassen. Mein Sohn würde aber gerne katholisch heiraten. Nun hat meine Schwiegertochter in spe eine Vorstellung eingebracht, die uns alle vor den Kopf stößt:

„Entweder eine evangelische Trauung oder nur standesamtlich."

Wenn die Trauung zu einer Machtfrage innerhalb der Familie wird, ist das kein guter Beginn für die Ehe.

Absolute Aussagen sind immer schwierig. Zunächst ist es natürlich ein Problem zwischen Ihrem Sohn und seiner künftigen Frau. Wenn der Sohn sich katholisch trauen lassen will, hilft so eine apodiktische Aussage seiner künftigen Ehefrau wie „entweder eine evangelische Trauung oder nur standesamtlich" nicht weiter. Wenn sich die beiden nicht einigen können auf katholisch oder evangelisch, dann gibt es ja als Alternative auch die ökumenische Trauung, bei der ein evangelischer und ein katholischer Pfarrer gemeinsam die Trauung vornehmen. Da müsste niemand sein Gesicht verlieren. Wenn aber die Trauung tatsächlich zu einer Machtfrage innerhalb der Familie wird, ist das kein guter Beginn für die Ehe. Gut wäre also, wenn die beiden aus dieser Entweder- Oder-Situation herauskommen und vernünftig miteinander besprechen, was für beide ein gangbarer Weg sein könnte. Vielleicht könnten Sie sie dazu bei aller Zurückhaltung ermutigen.

*M*ein Mann ist evangelisch, ich bin katholisch. Da ich in der Kirche sehr aktiv bin, geht er fast jeden Sonntag mit in den katholischen Gottesdienst – und nimmt auch die Kommunion in Empfang. Vor Kurzem sprach mich deswegen mein Banknachbar an. Er meinte, es sei unverantwortlich von mir, meinen Mann zur Kommunion gehen zu lassen. Ich war so perplex. Was hätte ich entgegnen können?

Soll ich meinem Mann verbieten, zur Kommunion zu gehen?

Wenn Ihr Mann daran glaubt, dass ihm in der Kommunion Christus selbst begegnet, dass er mit Christus eins wird, dann soll und darf er zur Kommunion gehen. Sie sollen Ihren Mann auf keinen Fall davon abhalten. Ihrem Banknachbar können Sie sagen: „Wissen Sie, was Ihr katholischer Banknachbar wirklich glaubt, wenn er zur Kommunion geht? Von meinem Mann weiß ich, dass er an die Realpräsenz Jesu Christi glaubt. Daher freue ich mich, dass er zur Kommunion geht und sie würdig empfängt. Ich möchte nicht alle Kirchenbesucher hier nach ihrem Glauben befragen. Ich vertraue darauf, dass sie ihrem Gewissen folgen, so wie mein Mann auch seinem Gewissen folgt. Und für die katholische Theologie ist das Gewissen die oberste Norm und nicht die kirchlichen Gesetze."

> Für die katholische Theologie ist das Gewissen die oberste Norm und nicht die kirchlichen Gesetze.

*I*nnerhalb meiner Familie gibt es zurzeit erhebliche Probleme. Nach dem Motto „Wirf deine Sorgen auf den Herrn" tue ich das auch und helfe mir und anderen mit Beten. Ich bemerke dann eine deutliche Entspannung der Lage und erkenne Hoffnungszeichen am Horizont. Woran liegt das?

Inwiefern kann Beten wirken?

Es gibt viele Erklärungsversuche, warum Beten hilft. Die erste Erklärung: Beten verwandelt mich. Ich schöpfe im Beten neue Hoffnung für die Situation. So gehe ich entspannter in die Situation und das verändert auch die anderen Menschen. Das ist eine psychologische Erklärung. Es gibt noch eine zweite Erklärung, die aber auch noch auf der psychologischen Ebene liegt: Das Beten erzeugt eine Schwingung. Die Gedanken, die ich im Gebet habe, wirken sich in der Atmosphäre aus und erreichen so auch die anderen Menschen. Die dritte Erklärung: Ich vertraue darauf, dass Gott mein Bitten hört und dass er durch seinen Geist in mir und in den Menschen, für die ich bete, wirkt. Dieses Wirken können wir nicht näher erklären. Aber die Menschen aller Zeiten haben diesen Glauben gehabt, dass unser Beten nicht wirkungslos bleibt, sondern dass Gott unser Beten hört und erhört. Allerdings überlassen wir es immer Gott, wie er wirkt und handelt auf unser Gebet hin. So mündet jedes Gebet letztlich in: „Dein Wille geschehe!"

Es gibt viele Erklärungsversuche, warum Beten hilft. Aber jedes Gebet mündet letztlich in: „Dein Wille geschehe!"

Jedes Mal, wenn ich das Vaterunser bete, fällt es mir schwer, den Satz „und führe uns nicht in Versuchung" auszusprechen. Ich frage mich dann, ob es sein kann, dass Gott mich in Versuchung führt. Das ist doch eigentlich Sache des Teufels.

Könnte es nicht heißen: „Und führe uns in der Versuchung"?

Die Exegeten haben Ihre Bedenken immer wieder diskutiert. Im Jakobusbrief steht sehr klar, dass Gott uns nicht in Versuchung führt.

> Es ist die eigene Begierde, die in Versuchung führt.

Es ist vielmehr die eigene Begierde, die uns in Versuchung führt. Es gibt viele Versuche, dieses Wort anders zu übersetzen: „Lass uns nicht in die Versuchung hinein geraten." Der griechische Text heißt aber nun mal: „Führe uns nicht in Versuchung." In der Bitte, dass Gott uns nicht in Versuchung führen möge, klingt nicht mit, dass Gott uns sonst in die Versuchung führt. Es ist einfach die Bitte, dass er uns davor bewahren möge, in die Versuchung hinein zu geraten und darin zu fallen.

Auch das Wort Versuchung wird in der geistlichen Tradition verschieden interpretiert. Die frühen Mönche meinen, die Versuchung gehöre zum Menschen. Sie mache ihn bewährt. Sie stärkt gleichsam die Wurzel seines Lebensbaumes, damit der Baum stärker und fester werden kann. Man könnte dann Versuchung auch mit Anfechtung übersetzen. Die Versuchung, von der das Vaterunser spricht, ist jedoch die innere Verwirrung, die Verwirrung in unserem Herzen. Gott möge uns davor bewahren, dass wir auf der Suche nach Gott in Verwirrung geraten und so an uns selbst und an Gott vorbei leben.

*E*in Arbeitskollege, mit dem ich sehr oft zu tun habe, ist ein typischer Workaholic. Er arbeitet den ganzen Tag durch, seine Frau sieht ihn kaum, Kinder hat er keine. Wenn wir zusammen auf Geschäftsreise sind und ich mir abends noch die Stadt anschaue, fragt er mich dann oft, wie ich den Ausgleich zum Beruf schaffe. Nun ist es so, dass ich meinen Ausgleich immer in meiner Familie und meinem Glauben finde. Ich weiß aber, dass mein Arbeitskollege überzeugter Atheist ist – und bin mir nie sicher, wie ich auf die Frage antworten soll, damit er mich ernst nimmt.

Soll ich meinen Glauben gegenüber einem Glaubensverächter bekennen?

Die Frage Ihres Kollegen, wie Sie den Ausgleich zum Beruf schaffen, würde ich ehrlich beantworten. Denn die Frage zeigt ja, dass er mit sich und seinem Leben nicht ganz zufrieden ist. Sie sollen ihn nicht missionieren. Aber Sie sollen durchaus Zeugnis geben von dem, was Sie trägt. Da ist einmal die Familie. Das wird er sicher verstehen. Aber es kommt darauf an, wie Sie von der Familie erzählen.

Und dann können Sie versuchen, von Ihrem Glauben zu sprechen, dass Sie sich da geborgen fühlen von Gott, dass Sie nicht ständig über alles nachgrübeln müssen, weil Sie die Sorgen und Probleme des Geschäfts Gott übergeben und darauf vertrauen, dass er das segnet, was Sie tun. Und Sie können erzählen, dass das Gebet oder die Meditation Ihnen Ruhe schenkt und dass da die Arbeit keine Rolle spielt, weil Sie in eine andere Welt eintauchen.

Auch wenn er Atheist ist, wird er vermutlich interessiert zuhören. Vielleicht wird er nachfragen. Sie spüren ja seine Reaktion. Wenn er Ihren Glauben lächerlich macht, dann würde ich nicht weiter erzählen. Aber gerade sein Atheismus ist ja auch eine Herausforderung für Sie, sich zu überlegen, was mir mein Glaube eigentlich gibt und wie er mich trägt. Und Sie können überlegen, wie Sie das, was der Glaube Ihnen bedeutet, in Worten sagen können, die auch ein anderer – Nichtglaubender – verstehen kann.

> Der Atheismus des anderen kann eine Herausforderung für mich sein, zu überlegen, was mir mein Glaube eigentlich gibt und wie er mich trägt.

*I*n meiner Umgebung treffe ich immer mehr Leute, die aggressiv auf die Frage nach Gott reagieren. Sie beziehen sich auf die Bücher von Dawkins, der Religion ablehnt, weil sie die Ursache aller menschlichen Konflikte und Kriege sei. Ich fühle mich oft hilflos in der Diskussion mit diesen Menschen, obwohl ich sonst ganz gut mit ihnen auskomme.

Warum reagieren viele gerade in religiösen Fragen so aggressiv?

Wenn jemand so aggressiv reagiert, dann zeigt er, dass Gott noch eine Bedeutung für ihn hat. Seine Aggression ist vielleicht ein Zeichen dafür, dass er wütend auf Gott ist, weil sein Leben nicht so ist, wie er es erwartet hat. Er gibt ihm die Schuld dafür, dass sein Leben nicht gelingt. Dann ist die Aggression gegen Gott eigentlich eine Aggression auf sich selber. Ich würde dann nicht gleich über Gott mit ihm sprechen, sondern fragen, was er sich denn vom Leben erwartet habe und wer denn wirklich schuld sei, dass es nicht so gelaufen ist. Und ich würde ihn fragen, was er selber ändern könne. Vielleicht ist er auch wütend, weil er in seiner Kindheit mit Bildern eines strafenden und alles beobachtenden und kontrollierenden Gottes verletzt worden ist. Dann würde ich ihm sagen, er solle sich von den Gottesbildern seiner Eltern und seiner Kindheit lösen. Er soll sich fragen: Woran glaube ich eigentlich? Worauf setze ich meine Hoffnung? Was gibt mir Halt? Wonach sehne ich mich? Wenn er überhaupt nicht offen ist, würde ich mich selber schützen. Denn dann würde er immer nur nach neuen Argumenten gegen Gott suchen

und versuchen, Sie, die glauben, zu verletzen. Sie zu verletzen wäre dann
gleichsam die Rache gegen Gott, der
ihm nicht das gegeben hat, was er sich
erwartet hat. Im übrigen kann man mit Humor reagieren: Es gäbe ja gar keine Atheisten, wenn es Gott nicht
gäbe. Dann bräuchte ihn auch niemand zu leugnen.

> Es gäbe keine Atheisten,
> wenn es Gott nicht gäbe.
> Dann bräuchte ihn auch
> niemand zu leugnen.

*I*ch engagiere mich in unserer Pfarrei. Aber der Pfarrer möchte alles selber bestimmen. Ich bin hilflos, frustriert und enttäuscht. Und immer weniger Leute kommen am Sonntag in den Gottesdienst. Laien werden nicht geschätzt.

Gerade die Engagierten vertreibt man aus der Kirche.

Es tut weh, dass Ihr Pfarrer die Arbeit der Ehrenamtlichen nicht schätzt. Aber Sie sollten Ihre Pfarrei nicht durch den Pfarrer kaputt machen lassen. Es gilt auch hier der Grundsatz: Der andere hat nur soviel Macht über mich, wie ich ihm gebe. Es tut sicher weh, im Gottesdienst zu spüren, dass die Worte nicht mit den Taten übereinstimmen. Aber dann nutzen Sie den Gottesdienst, um ganz auf das eigene Innere zu hören. Wenn die Predigt Sie ärgert, dann nutzen Sie die Zeit der Predigt, sich selbst eine Predigt zu halten. Überlegen Sie, wie Sie das Evangelium auslegen würden, was für Sie die Botschaft dieser Worte Jesu oder seines Handelns ist. Und wenn Sie nicht bei der Gestaltung des Gottesdienstes oder der Feste des Kirchenjahres mitarbeiten können, dann bilden Sie selber Familienkreise oder einen Kreis von Gleichgesinnten. Treffen Sie sich, um gemeinsam Bibelstellen zu besprechen. Dabei geht es vor allem um den Dialog zwischen dem Text und Ihrem Leben. Sie werden spüren, dass Ihr Leben den Text auslegt und der Text Sie Ihr Leben in einem neuen Licht sehen lässt. Wenn Sie immer das Sonntagsevangelium nehmen, um es gemeinsam zu besprechen, werden Sie sich am Sonntag nicht von einer schlechten Predigt verdrießen lassen.

*I*ch höre und lese immer wieder von Erleuchtungserfah-
rungen. Doch wenn ich in mich hinein schaue, spüre ich
eher Dunkelheit. Ich bin fasziniert von diesem Thema.

Wie komme ich selber zu Erleuchtungserfahrungen?

Man kann Erleuchtung nicht „machen". Ich kann mich also nicht hinsetzen und meditieren und auf Erleuchtung warten. Aber vielleicht kennen Sie Augenblicke, in denen Ihnen alles klar war. Sie haben keine Vision gehabt. Aber Sie haben durchgeblickt. Sie haben auf den Grund geschaut. Solche Erfahrungen haben die Mystiker Erleuchtung genannt. Wir können nur Bedingungen für eine solche Erfahrung schaffen. Eine Bedingung ist das Innehalten, das In-mich-Hineinhorchen. Wenn Sie die Sehnsucht nach Erleuchtung kennen, dann spüren Sie sich in diese Sehnsucht hinein. In der Sehnsucht nach Erleuchtung ist schon eine Spur Erleuchtung. Vielleicht wird es dann heller in Ihnen. Ein anderer Weg: Lassen Sie das Licht einer Kerze in sich eindringen und stellen Sie sich vor, dass das Licht alle dunklen Bereiche Ihrer Seele durchdringt und sie erhellt. Und stellen Sie sich vor, dass unterhalb der Finsternis auf dem Grund Ihrer Seele schon ein Licht leuchtet. Wenn dieses Bild sich in Sie einbildet, dann ahnen Sie etwas von dem, was die Mystiker Erleuchtung nennen. Und vielleicht dürfen Sie manchmal für einen kleinen Augenblick das Licht in sich schauen.

Man kann Erleuchtung nicht „machen". Ich kann mich also nicht hinsetzen und meditieren und auf Erleuchtung warten.

Meine Frau sagt, die Kirche habe ihr nur ein schlechtes Gewissen eingeimpft mit dem ständigen Reden von Sünde und Schuld. Andere Religionen seien viel freier und menschlicher. Sie will die Konsequenzen ziehen.

Meine Frau hat sich jetzt dem Buddhismus zugewandt.

Der Weg des anderen kann zur guten Herausforderung für Sie werden. Gerade in der Auseinandersetzung kann sich das Eigentliche klären.

Es ist ein Akt der Befreiung, wenn ich mir nicht mehr ständig ein schlechtes Gewissen einreden lasse, sondern meinen eigenen Gefühlen traue. Aber wenn Sie mit Ihrer Frau darüber ins Gespräch kommen, was sie wirklich von der kirchlichen Botschaft verletzt hat, dann können Sie genau hinhorchen, ob diese Verletzung in eine Seele gedrungen ist, die schon durch die Erziehung der Eltern verletzt worden ist. Vielleicht war die Erziehung der Eltern von der pessimistischen Sicht geprägt, dass die Menschen schlecht sind. Dann wäre es wichtig, über die Verbindung der Erziehung und der religiösen Prägung zu sprechen, ohne gleich das Kind mit dem Bad auszuschütten. Und nicht zuletzt können Sie mit Ihrer Frau darüber sprechen, was *für Sie* die wichtigste Botschaft des Christentums ist. Der andere Weg Ihrer Frau ist zudem auch eine Herausforderung für Sie selbst, das Wesen des Christlichen neu oder tiefer zu verstehen. Ich kann mir gerade in einer solchen Auseinandersetzung selbst klarer darüber werden, was mich an der Botschaft Jesu fasziniert und was das *eigentlich* Christliche ist.

*A*ls Altenpfleger muss ich des Öfteren sonntags arbeiten. An anderen Wochenenden möchte ich lieber die Zeit mit meiner Familie am Frühstückstisch genießen oder manchmal ganz einfach nur ausschlafen. Aus schlechtem Gewissen gehe ich manchmal auch in die Kirche, obwohl ich keine Lust dazu habe. Dann sitze ich im Gottesdienst und habe zwar das Gefühl, meine Sonntagspflicht erledigt zu haben, bin aber in Gedanken gar nicht bei der Sache.

Bin ich ein schlechter Christ, wenn ich am Sonntag nicht in der Kirche bin?

Es ist sicher sinnvoll, sonntags in den Gottesdienst zu gehen und sich Zeit für Gott zu nehmen und für sich selbst. Und vor allem werde ich im Gottesdienst beschenkt. Ich nehme Christus in mich auf und erfahre so eine neue Kraft für meinen Alltag. Natürlich ist es wenig sinnvoll, nur aus schlechtem Gewissen in die Kirche zu gehen und sie nur abzusitzen. Sie müssen auch nicht jeden Sonntag zur Eucharistie gehen, wenn Sie von der Arbeit her nicht können. Aber Sie sollten sich nicht einfach nur gehen lassen, sondern Ihre Arbeit und Ihr Familienleben einmal genau unter die Lupe nehmen. Was könnte mir die Eucharistiefeier schenken? Wo wäre sie eine Gelegenheit, die Familie zusammen zu führen? Ist eine Vorabendmesse sinnvoller? Sie sollten Ihr Leben überprüfen. Sonst werden Sie immer mehr gelebt, anstatt selber zu leben.

> Was könnte mir die Eucharistiefeier schenken? Wo wäre sie eine Gelegenheit, die Familie zusammen zu führen?

Meine Kinder, die ich religiös erzogen habe, gebärden sich jetzt als „aufgeklärt". Sie meinen, im Gehirn würden einfach Prozesse ablaufen, die uns den Eindruck vermitteln, als ob es Gott gäbe. In Wirklichkeit ist er aber nur ein Produkt des menschlichen Gehirns. Ich fühle mich in der Diskussion mit ihnen oft hilflos.

Meine Kinder bezeichnen sich als Atheisten.

Die Erforschung des Gehirns kann den Glauben weder begründen noch als Hirngespinst entlarven. Das Gehirn ist nur das Instrument. Wenn ich das Klavier untersuche, finde ich darin keine Symphonie von Mozart. So wie die Musik nicht im Klavier zu greifen ist, so wenig ist Gott im Gehirn zu finden. Von der Vernunft her können wir Gott weder beweisen noch ablehnen. C.G. Jung, der Schweizer Psychologe, meint einmal: Ob Gott existiert, das sei für ihn keine Frage des Glaubens, das wisse er einfach. Denn die Weisheit der Seele wisse um Gott. Ich kann mit meinen rationalen Argumenten die Weisheit der Seele entmachten. Aber wenn ich gegen die Weisheit der Seele lebe, dann werde ich rastlos und letztlich krank. Es ist gesund, der Weisheit der Seele zu trauen.

Ein anderer Zugang ist das Gespräch über das, was uns selber im Herzen berührt. Die Natur etwa: Was nehme ich wahr, wenn ich eine schöne Blume anschaue. Nur Chemie? Oder nicht auch die Schönheit an sich? In der Schönheit der Blume entdecke ich die Schönheit des Seins. Und die ist letztlich die Schönheit Gottes. Oder die Musik: Höre ich nur Töne, oder werde ich durch die Töne nicht hineingeführt in den ewigen Klang, der seit Urzeiten in der Schöpfung erklingt? Höre ich nicht das Unhörbare mit? Sie können Ihren Kindern Gott nicht beweisen. Aber Sie sollten ihnen Fragen stellen, die ihr Herz offen halten für die Frage nach seiner Wirklichkeit.

Sie können Ihren Kindern Gott nicht beweisen. Aber Sie ihr Herz offen halten für die Frage nach seiner Wirklichkeit.

*I*ch bin umgezogen und so auch in eine neue Pfarrei gekommen. Doch dort fühle ich mich nicht daheim. Die Gemeinde ist in sich geschlossen. Da kümmert sich niemand um die neu Hinzukommenden. Keiner hat mich begrüßt. Ich habe den Eindruck, ein Fremdkörper zu sein. Dabei hatte ich eigentlich gehofft, gerade hier Heimat zu finden, um den Umzug leichter zu verschmerzen. Soll ich einfach wegbleiben?

Was kann ich tun, um mich in der Gemeinde heimisch zu fühlen?

Leider gibt es christliche Gemeinden, die in sich geschlossen sind. Fremde Menschen, die sich dort eingliedern oder sich engagieren wollen, haben da keine Chance. Man interessiert sich nur für Insider. Das widerspricht ganz und gar dem Geist Jesu Christi. Aber es ist halt leider so. Die Frage ist, was Sie tun können. Zunächst sollen Sie betrauern, dass die Gemeinde so ist, wie Sie sie erleben. Aber dann sollten Sie in aller Treue in die Gottesdienste gehen. Nehmen Sie von den Texten und von der Predigt das mit nach Hause, was Ihnen gut tut. Dann bekommen Sie zumindest für Ihre Seele Nahrung. Und versuchen Sie, bei sich selbst daheim zu sein. Es ist das gleiche heilige Mahl, das Sie auch in Ihrer Heimatgemeinde gefeiert haben. Es ist der gleiche Jesus Christus, der Ihnen dort begegnet und den Sie in der Kommunion empfangen. Auch wenn die äußere Feier verschieden ist und eine andere Atmosphäre verbreitet, so will Christus Sie doch in

Berührung bringen mit Ihrem inneren Raum der Stille. Dort, wo Christus in Ihnen wohnt, können Sie bei sich daheim sind. Und vertrauen Sie darauf, dass sich irgendwann dann auch die Einheimischen für Sie interessieren und Sie in ihre Gemeinschaft aufnehmen.

> Wichtig ist, für die Seele Nahrung zu bekommen. Dort, wo Christus in Ihnen wohnt, können Sie bei sich daheim sind.

Neulich hörte ich in einem Vortrag, der Glaube an einen personalen Gott sei veraltet. Er sei nur Projektion unserer infantilen Wünsche auf einen Gott, der uns den Vater oder die Mutter ersetzt Wer einen spirituellen Weg gehe, der sehe Gott als Energie, die alles durchdringt. Das hat mich durcheinander gebracht.

Kann ich überhaupt noch zu einem solchen Gott beten?

Es zeugt für mich von Arroganz, wenn jemand Gottesbilder für veraltet erklärt und zerbrechen will, aber ein neues Gottesbild aufbaut und es dogmatisch als das einzig mögliche hinstellt. Für mich kommt da zum Ausdruck, dass sich da jemand mit seiner Spiritualität über andere erhebt. Aber immer wenn wir uns in unserer Spiritualität über andere stellen, stimmt sie nicht mehr. Dann gehen wir nicht einen spirituellen Weg, um Gott zu suchen, sondern um unser eigenes Ego aufzublähen.

Aber was können wir inhaltlich auf diese Frage sagen? Wir dürfen Gott sicher nicht zu klein denken. Manchmal stellen wir uns Gott genauso vor wie eine menschliche Person. Doch der Personbegriff, den wir für Gott gebrauchen, liegt auf einer anderen Ebene. Gott ist immer beides: persönlich und überpersönlich. Wir begegnen ihm in der Natur als der Energie, die alles durchdringt, als dem Geist, der alles erfüllt und durchdringt, als die Liebe, die alles erhellt. Aber zugleich dürfen wir Gott als Du erfahren, das uns anspricht, als eine Person, die uns liebt und annimmt, wie wir sind, die uns hört, wenn wir zu ihm beten.

Gott ist in uns als der tiefste Grund und er ist außerhalb von uns. Er ist der, vor dem wir niederfallen. Nur wenn wir in dieser Polarität von Gott sprechen, werden wir ihm gerecht. Aber bei allen Worten, die wir über Gott machen, müssen wir uns immer bewusst sein, dass Gott jenseits aller Worte und Bilder ist, dass er immer der unsagbare und unbegreifliche Gott bleibt.

Gott ist jenseits aller Worte und Bilder. Er bleibt immer der unsagbare und unbegreifliche Gott.

*I*ch habe einen Mann geheiratet, der geschieden wurde, nachdem seine Frau ihn verlassen hatte. Wir führen eine gute Ehe. Gott hat uns zwei Kinder geschenkt. Aber es tut mir jedes Mal weh, wenn ich bei der Eucharistie von der Kommunion ausgeschlossen bin, obwohl ich mich nach dieser geistlichen Stärkung sehne.

Warum verbietet mir die Kirche die Kommunion?

Die kirchliche Norm ist zwar so, dass es für wiederverheiratete Geschiedene keine sakramentale Heirat gibt und dass sie von der Kommunion ausgeschlossen sind. Aber für die Kirche gilt zugleich die Lehre des hl. Thomas von Aquin als verbindlich, der das Gewissen als die oberste Norm versteht, nach der wir uns richten müssen. Wenn Sie also von Ihrem Gewissen, von Ihrem innersten Empfinden, her das Gefühl haben, dass es für Sie stimmt, zur Kommunion zu gehen, dann dürfen Sie auch gehen. Die Kommunion ist ja keine Belohnung für ein tugendreiches Leben, sondern Stärkung auf unserem Weg, auf dem wir immer wieder auch fehlen. Das Gewissen ist immer höher als die gesetzliche Norm. Es gibt nun zwei konkrete Möglichkeiten für Sie: Folgen Sie Ihrem Gewissen und gehen Sie dort zur Kommunion, wo niemand Sie beurteilt. Oder sprechen Sie mit dem Pfarrer, damit Sie mit seinem Segen zur Kommunion gehen können. Die meisten Christen werden damit kein Problem haben, zumal sie sehen, dass Sie eine gute Ehe führen.

Das Gewissen ist immer höher als die gesetzliche Norm.

Warum sollen wir zu Gott beten, wenn er schon alles weiß, was uns bewegt?

Greift Gott wirklich ein, wenn wir ihn um etwas bitten?

Natürlich weiß Gott alles, was in unserer Seele vor sich geht. Gott braucht auch unser Gebet nicht. Aber uns tut es gut, wenn wir das, was uns bewegt, auch zur Sprache bringen. Beten hilft uns, die eigene Wahrheit anzuschauen. Wir müssen dabei nicht immer Worte finden. Manchmal genügt es, wenn wir still vor Gott sitzen und alles, was in uns hochkommt, Gott hinhalten. Das ist auch schon Gebet. Es zeigt uns: Wir dürfen mit allem, was in uns ist, vor Gott sein. Es ist schon eine Hilfe, dass wir aufhören, uns selbst zu bewerten. Wenn wir vor Gott sein dürfen, können wir auch vor dem Richterstuhl des eigenen Über-Ichs bestehen. Wir dürfen sein, wie wir sind. Wir wissen nicht, wie unser Beten wirkt. Sicher ist Gott nicht so, dass wir ihn bedrängen müssen wie einen Bürgermeister, damit er uns endlich hört. Gott hört uns. Und indem wir Gott unsere Bitten vortragen, wandeln sie sich. Wir spüren, dass es nicht allein darauf ankommt, dass unser Wille geschieht. Wir dürfen vertrauen, dass Gott in den Menschen, für die wir bitten, etwas wirkt. Aber wir können es nicht genau wissen, was und wie er an den anderen oder wie er an uns handelt, wenn wir in eigenen Anliegen beten. Auf jeden Fall verwandelt uns das Gebet. Und indem wir unsere Bitten Gott vortragen, erahnen wir, welche befreiende Wirkung darin besteht, uns in Gottes unbegreiflichen Willen hinein zu ergeben.

> Auf jeden Fall verwandelt uns das Gebet.

*I*ch möchte neben meiner persönlichen Meditation auch gerne für andere beten. Doch ich bin mir nicht sicher, ob mein Beten für andere aus einem schlechten Gewissen kommt, dass ich nicht genug für andere tue.

Hat mein Gebet überhaupt etwas mit anderen zu tun?

Das Gebet verbindet Sie schon mit dem anderen.
Es ist immer gut, für andere Menschen zu beten. Das Beten für andere ist aber kein Ersatz, sich für andere einzusetzen. Wenn Sie also für einen anderen Menschen beten, sollen Sie sich im Gebet fragen: Wonach sehnt sich dieser Mensch? Was möchte ich, dass Gott ihm schenkt oder in ihm bewirkt? Was kann ich selbst tun? Drängt mich das Gebet zum Handeln? Und Sie sollten Ihr schlechtes Gewissen befragen: Kommt es aus einem strengen Über-Ich, das Sie antreibt, allen Menschen zu helfen? In einem solchen Fall wäre es gut, Demut zu üben und sich einzugestehen, dass ich nicht der Heiland der Welt bin und nicht allen helfen kann. Oder aber will das schlechte Gewissen Sie dazu ermutigen, auf diesen konkreten Menschen selbst einmal zuzugehen, ihn einzuladen – vielleicht zu einem Gespräch oder einem Spaziergang? Sprechen Sie mit Ihrem Gewissen, sprechen Sie im Gebet mit Gott. Dann wird Ihnen Ihr inneres Gefühl sagen, was Gott von Ihnen möchte. Aber vertrauen Sie darauf, dass das Gebet Sie ja auch schon mit dem anderen verbindet und dass das Gebet sich für den anderen segensreich auswirken wird.

5. SEHNSUCHT NACH LEBENDIGKEIT
Ich kann mich nicht mehr freuen

Viele Menschen fühlen sich mit dem Leben überfordert. Sie fühlen sich einsam und verlassen. Niemand kümmert sich um sie. Sie haben den Eindruck, auch Gott habe sie vergessen. Und viele leiden an der Freudlosigkeit ihres Lebens. Bei manchen wird dieser Mangel an Freude und Lebendigkeit auch zur Depression. Oder aber depressive Stimmungen mehren sich. Die Grundstimmung ist eher depressiv. Solche Menschen fragen oft danach, warum ihnen Gott nicht hilft. Doch es gibt auf diese Gefühle und Stimmungen keine schnelle Lösung von Gott her. Es ist wichtig, auch diese Gefühle anzuschauen und sich zu fragen, welche Sehnsucht in ihnen steckt und auf welche Einstellungen sie hinweisen. Manchmal sind unsere depressiven Stimmungen auch ein Hinweis, dass wir übertriebene Erwartungen an uns selber und an das Leben haben. Und diese Erwartungen richten wir auch auf Gott und sind dann enttäuscht, wenn er uns nicht hilft. Aber das Gebet ist kein Zaubermittel, das uns von allen negativen Symptomen befreit. Es führt uns vielmehr in die Begegnung mit Gott und in die Begegnung mit der eigenen Wahrheit. Und nur wenn wir uns der eigenen Wahrheit stellen, kann sich in uns etwas wandeln.

*F*ür mich ist das Leben nicht mehr lebenswert. Ich bin krank. Meine Familie ist zerbrochen. Keiner kümmert sich um mich.

Wie soll ich in meiner Situation Freude am Leben empfinden?

Ihre Enttäuschung kann ich verstehen. Sie haben so viel in Ihre Familie investiert. Und jetzt, da Sie krank sind, kümmert sich niemand um Sie. Das tut weh. Den Schmerz können Sie nicht überspringen. Aber durch die Trauer hindurch können Sie in Berührung kommen mit dem Leben, das immer schon in Ihnen war. Ihre Erinnerung an gute und erfüllte Augenblicke kann Ihnen niemand nehmen. Ihre Dankbarkeit, dass Sie Ihr Leben gemeistert haben, kann Ihnen keiner streitig machen. Spüren Sie in Ihrer Einsamkeit Ihrem Leben nach. Vertrauen Sie darauf, dass dieses Leben auch jetzt in Ihnen ist. Und trauen Sie Ihrer tiefsten Sehnsucht. In Ihrer Sehnsucht nach Leben ist schon Leben.

Auch die kleinen, alltäglichen Dinge können Freude bereiten.

Vielleicht schaffen Sie auch den Sprung zu Gott, der bei Ihnen ist und Sie umgibt mit Seiner Liebe und heilenden Nähe. Weil Er Sie nicht verlassen hat, sollen Sie sich selbst nicht verlassen, sondern bei sich bleiben. Dann werden Sie auf dem Grund Ihrer Seele eine Freude spüren, von der die Kirchenväter sagen, dass sie unzerstörbar ist, weil sie von Gott kommt. Und vielleicht werden Sie dann fähig, sich auch über kleine alltägliche Dinge zu freuen, wie über die wärmende Sonne oder die schönen Blumen, die vor Ihrem Fenster blühen.

Immer wieder habe ich depressive Phasen. Wenn die Depression mich befällt, dann sitze ich völlig im Dunkeln. Dann hilft mir nichts mehr. Dann kann ich nicht einmal mehr beten.

Ich sehe kein Licht in mir, ich empfinde nur Dunkelheit.

Zunächst ist es wichtig, mit dem Arzt, dem Psychiater oder Psychologen abzuklären, welche Form von Depression Sie haben. Wenn es eine reaktive Depression ist, dann werden Sie nicht im Dunkeln sitzen bleiben. Sie müssen Ihre Depression nach dem Sinn und ihrer Bedeutung befragen. Wenn es jedoch eine endogene Depression ist, dann nehmen Sie die Medikamente, die der Arzt Ihnen vorschreibt. Aber achten Sie auch auf die Nebenwirkungen. Wenn sie zu stark sind, bitten Sie den Arzt, andere Medikamente für Sie auszuwählen. Es gibt sicher Medikamente, die für Sie gut sind. Aber Sie brauchen Geduld, um mit Hilfe des Arztes das richtige Mittel zu finden. Und söhnen Sie sich aus mit Ihrer Depression. Sie wird Sie weiterhin begleiten, auch auf Ihrem spirituellen Weg mit Gott. Doch wenn Sie sich aussöhnen, können Sie auf dem Boden Ihrer Depression eine Ahnung von Frieden und Freiheit erfahren. Sie müssen die Depression gar nicht loswerden. Sie wird für Sie zur Begleiterin in Ihre eigene Tiefe. Dort werden Sie das Geheimnis des Lebens erspüren. Sie werden eine neue Qualität des Seins erahnen. Und das öffnet Sie für das unbegreifliche Geheimnis Gottes.

In Ihrer eigene Tiefe können Sie eine neue Qualität des Seins erahnen.

*I*ch komme nicht aus meiner Verzweiflung heraus. Ich habe so viel gebetet, dass Gott mir einen guten Partner schickt, dass ich wieder eine Arbeitsstelle bekomme, in der ich mich wohlfühle.

Alles hat keinen Erfolg gehabt.
Das macht mich immer depressiver.

Ich kann Sie gut verstehen, dass Sie verzweifelt sind, weil weder die Arbeit noch die Beziehung zufrieden-stellend ist. Das tut weh und macht traurig. Aber ist das wirklich ein Grund, in der Depression zu versinken? Die kognitive Psychologie sagt uns, dass eine Depression oft von einer falschen Bewertung seiner selbst und seiner Situation abhängt. Wenn Sie nur dann zufrieden sind, wenn Sie einen guten Partner oder eine angenehme Arbeit finden, dann machen Sie sich zu abhängig von äußeren Dingen. Und vor allem, wenn Sie meinen, Gott müsse doch unbedingt Ihr Gebet erhören und Ihnen geben, wonach Sie sich sehnen, dann wird die Enttäuschung immer größer und Sie werden immer depressiver. Sie müssen damit beginnen, Ihr Leben anders zu deuten. Es ist schmerzlich, keinen Partner zu haben. Aber davon allein hängt nicht das ganze Glück ab. Ich kann auch in mir selber Liebe spüren, Lebendigkeit, Frieden. Ich kann auch allein für andere zum Segen werden. Und die Arbeit muss nicht immer zufrieden-stellend sein. Ich kann sie auch so gestalten, dass ich daran Freude finde. Ich darf die Heilung meiner Depression nicht von äußeren Umständen erwarten. Die eigentliche Heilung geschieht im Herzen und im Kopf, indem ich die Dinge anders sehe und mich daher auch anders fühle. Und Sie müssen auch die depressiven Gefühle gar nicht loswerden. Spüren Sie sich hinein in die depressive Stimmung. Was nehmen Sie da wahr? Wie nehmen Sie sich im Körper wahr? Welche Sehnsucht kommt in der Depression in Ihnen hoch? Auch die Traurigkeit ist Ausdruck von Lebendigkeit. Fühlen Sie sich mit Ihren einmaligen Gefühlen. Seien Sie stolz auf Ihre Gefühle. Die gehören Ihnen allein. Und gerade durch die traurigen Gefühle kommen Sie auf den Grund Ihrer Seele, in dem Frieden ist und eine Ahnung vom tiefen Geheimnis Gottes, der in Ihnen wohnt.

Auf dem Grund Ihrer Seele ist Frieden und eine Ahnung vom tiefen Geheimnis Gottes.

*D*ie Dunkelheit der späten Jahreszeit, der ständige Regen und der Nebel, der sich dann auf alles legt, macht mich richtiggehend niedergeschlagen.

Ich habe Angst vor der dunklen Zeit, dass ich wieder in eine Depression hinein rutsche.

Das Gefühl der Traurigkeit kann ja auch eine Form von Lebendigkeit sein.

Für viele Menschen ist der Monat November ein Problem für die Psyche. Sie sind nicht allein mit dieser Angst. Wenn Sie darum wissen, dann gibt es zwei Wege. Der erste Weg: Sorgen Sie für sich. Tun Sie sich etwas Gutes. Gestalten Sie den November so, dass er Ihnen gut tut. Nehmen Sie sich Zeit für die Meditation. Schauen Sie in das Licht der Kerze hinein und lassen Sie dieses Licht in die Dunkelheit der Depression eindringen. Oder überlegen Sie sich, was der November denn auch an guten Seiten hat und wie Sie die für sich nutzen können. Die Liturgie sagt uns, dass wir das Licht Christi in uns brennen lassen sollen. Das innere Licht soll die Dunkelheit der Depression erhellen. Der zweite Weg: Gehen Sie liebevoll mit Ihrer Depression um. Vielleicht will Ihnen der November nur die andere Seite Ihres Lebens zeigen. Die dunkle Seite gehört auch zu uns. Das Leben ist nicht einfach nur oberflächlich. Es hat Tiefe. Die dunkle Tiefe gehört auch zu mir. Und das Gefühl der Traurigkeit kann ja auch eine Form von Lebendigkeit sein. Freunden Sie sich an mit diesen depressiven Gefühlen. Sie können Sie auch in die eigene Tiefe führen und in eine eigene Weise des Lebendigseins.

Oft bin ich nur noch müde, ich spüre so wenig Kraft in mir. Ich finde die richtige Arbeit nicht. Und wenn ich eine Arbeitsstelle habe, fühle ich mich überfordert und von den anderen abgelehnt. In meiner Wohnung fühle ich mich so allein. Niemand ruft mich an.

Das ist doch kein Leben. Warum hilft mir Gott nicht?

Ich kann gut verstehen, dass Sie sich wünschen, dass Gott Ihre Situation ändert, dass er Ihnen mehr Kraft schenkt und mehr Selbstvertrauen und dass er Ihnen eine Arbeitsstelle ermöglicht, die für Sie passt. Aber Sie müssen sich erst einmal damit aussöhnen, dass Sie eben nicht die Kraft haben, die Sie bei anderen sehen. Und es geht darum, zu akzeptieren, dass Sie so sind, wie Sie sind, und dass Ihre äußere Situation gerade so ist, wie sie ist. Nur wenn Sie sich verabschieden von den Illusionen, die Sie sich über sich selbst gemacht haben, werden Sie fähig, Ja zu sagen zu sich selbst und zu Ihrer Situation. Dann bekommen Sie Phantasie, aus Ihrer Situation das Beste zu machen. Und Sie werden auf einmal auch dankbar sein für das, was Gott Ihnen geschenkt hat. Sie haben eine Wohnung. Sie sind gesund. Sie haben Menschen, die Sie lieben. Und Sie können sich selbst lieben und dankbar sein, dass Sie leben und Ihre persönliche Lebensspur in diese Welt eingraben können.

Es geht zunächst einmal darum zu akzeptieren, was ist.

*S*ie sprechen davon, das Leben mit allen Sinnen zu genießen. Durch eine Operation habe ich meinen Geschmackssinn und meinen Geruchssinn verloren. Ich kann Essen nicht mehr genießen. Und ich kann mich nicht mehr am Geruch einer Landschaft erfreuen.

Wenn meine sinnliche Wahrnehmung eingeschränkt ist, wie soll ich da das Leben genießen?

Ich muss mich zuerst in einen Menschen hinein fühlen, der nicht schmecken oder riechen kann. Denn der Genuss geht für mich schon über diese beiden Sinne. Wenn ich mich am Essen nicht freuen kann, dann fehlt etwas Wesentliches. Ich kann mir nur vorstellen, wie ich damit umgehen würde. Ich würde umso bewusster mit den anderen Sinnen, vor allem mit den Augen und Ohren, umgehen. Ich würde versuchen, die Schönheit einer Landschaft zu genießen, die Bilder meiner Lieblingsmaler auf mich wirken zu lassen, die Bilder in mich einzubilden, damit sie mich in Berührung bringen mit der ursprünglichen Schönheit, die Gott dem Bild verliehen hat, das er sich von mir gemacht hat. Und ich würde die Musik in mich hinein fallen lassen, damit mein Ohr mich über diese Welt hinaus führt in eine Welt der Harmonie, des Friedens und des himmlischen Klangs. Aber ich werde mit meinen Augen und Ohren nur genießen können, wenn ich den Verlust der anderen Sinne betrauere. Und das ist schmerzlich. Durch diesen Schmerz muss ich hindurchgehen, um das Potential zu entdecken, das in den anderen Sinnen liegt.

Ich würde mich fragen, welchen Sinn ich dem Verlust des Schmeckens und Riechens geben könnte. Vielleicht will mich der Verlust in eine neue Form von Stille führen, in der es nicht um Ekstase geht, sondern um ein stilles Einssein und Einverstandensein mit mir und mit Gott, um ein Ausruhen im Grund meiner Seele.

Ich muss durch den Schmerz hindurchgehen, um das Potential zu entdecken, das in den anderen Sinnen liegt.

*I*ch kann mich über nichts mehr freuen. Früher habe ich
Freude empfunden, wenn ich durch die Natur gewandert
bin. Heute wandere ich, aber ich spüre nichts mehr. Alles ist
mir leer geworden.

Ich bin gefühllos.
Wie komme ich wieder dazu,
mich freuen zu können?

Es gibt keinen schnellen Trick dafür. Was Sie beschreiben, klingt für mich nach einer Depression. In der Depression vermag ich nichts mehr zu empfinden. Da hat
sich etwas über Ihre Seele gelegt, das Sie daran hindert,
sich freuen zu können. Ich würde mit der Depression
sprechen. Zeigt sie mir vielleicht, dass ich erst einmal
gut für mich sorgen muss, damit ich wieder in Berührung komme mit mir selbst und mit meinen Gefühlen?
Versuchen Sie, mit Ihren Sinnen etwas wahrzunehmen.
Gehen Sie in die Natur hinaus und versuchen Sie, mit
Ihrer Haut den Wind zu spüren und die Sonne, die Sie
wärmt. Sie müssen nichts spüren und keine bestimmten
Gefühle empfinden. Aber wenn Sie es versuchen, werden Sie vielleicht wieder etwas wahrnehmen, was von
außen auf Sie zukommt. Das könnte der Beginn sein,
dass Sie auch das Schöne um sich herum wieder wahrnehmen und sich vielleicht darüber freuen können. Und
schließlich: Spüren Sie in Ihren Leib hinein. Wo ist
diese Leere zu spüren? Stellen Sie sich diese Leere vor
und gehen Sie durch diese Leere hindurch. Gibt es dort
andere Gefühle und andere Bilder, die in Ihnen auftauchen? Vertrauen Sie darauf, dass unterhalb der Leere in

Ihnen eine Quelle der Freude ist. Allein die Vorstellung kann Ihr Empfinden von Leere relativieren. Lassen Sie nicht locker. Vielleicht wird ein Wort, eine Begegnung, eine spirituelle Erfahrung Sie wieder mit dieser Freude in Berührung bringen.

Vertrauen Sie darauf, dass unterhalb der Leere in Ihnen eine Quelle der Freude ist.

*I*ch fühle mich in letzter Zeit so müde, ohne Antrieb. Ich habe soviel in unsere Ehe investiert, habe versucht, mit meinem Mann ins Gespräch zu kommen, wie wir besser miteinander kommunizieren können. Aber ich habe den Eindruck, es hat nichts geholfen. Ich bin des Kämpfens überdrüssig. Auch in der Firma habe ich keine Lust mehr, mich zu engagieren. Es geht alles ins Leere.

Ist das Resignation?
Oder typisch für den Burnout?

Die Müdigkeit hat immer einen Sinn. Sie sollten sich die Müdigkeit nicht vorwerfen oder Angst haben, dass das schon die Krankheit des burn-out ist. Sprechen Sie mit Ihrer Müdigkeit. Was will sie Ihnen sagen? Vielleicht in Bezug auf die Ehe: Jetzt ist es nicht dran, mit meinem Mann alles durchzudiskutieren. Jetzt bin ich selbst dran. Ich soll für mich selber sorgen. Was macht mich lebendig? Ich bin nicht nur glücklich, wenn mein Mann mich versteht und wir gute Gespräche haben. Mein Glück hängt nicht nur von meinem Mann ab, sondern von der eigenen Lebendigkeit. Wo spüre ich Sehnsucht nach Lebendigkeit? Was möchte meine Seele tun, damit ich im Einklang bin mit mir selbst, damit mein Leben wieder in Fluss kommt?

Bezüglich der Arbeit hat Ihre Müdigkeit sicher auch einen Sinn. Vielleicht sollten Sie mit einem anderen Blick auf die Firma und Ihre Arbeit schauen. Bleiben Sie bei sich. Achten Sie auf die Ausstrahlung, die Sie selbst haben. Dann schaffen Sie um sich herum eine andere Atmosphäre. Sie brauchen sich nicht die Zähne auszubeißen, indem sie für ein besseres Klima in der Firma kämpfen. Sie selbst bestimmen zumindest das Klima um Sie herum. Wenn Sie das prägen, dann wird es nicht so anstrengend für Sie. Und Sie resignieren nicht. Sie sind dort, wo Sie arbeiten, lebendig und strahlen Lebendigkeit und Freundlichkeit und Frieden und Hoffnung aus. Führen Sie also ein Gespräch mit Ihrer Müdigkeit. Und vertrauen Sie darauf, dass Gott zu Ihnen gerade durch Ihre Müdigkeit spricht. Dann müssen Sie sie nicht bekämpfen, sondern leben mit ihr, um sich von ihr in eine andere Dimension des Lebens führen zu lassen.

> Führen Sie ein Gespräch mit Ihrer Müdigkeit. Und lassen sie sich von ihr in eine andere Dimension des Lebens führen.

Mir geht es so schlecht. Ich kann gar nicht mehr aus dem Zimmer gehen. Ich kann zu keinem Arzt mehr gehen. Ich fühle mich allein gelassen. Warum hilft Gott mir nicht? Ich habe früher soviel gebetet. Ich spüre Gott nicht mehr, ich fühle seine Nähe nicht.

Ich habe den Eindruck, dass auch er mich verlassen hat.

Ich kann gut verstehen, dass Sie sich allein gelassen fühlen und dass es Ihnen nicht gut geht. Aber ich kann Ihnen nicht einfach helfen. Und auch Gott ist kein Zauberer, der Ihnen einfach das Alleinsein wegnimmt. Gott hilft Ihnen, wenn Sie sich zu ihm wenden. Aber Gott hilft nicht von außen. Wenn Sie sich in Ihrer Einsamkeit in Gott hinein ergeben, dann verwandelt sich Ihre Einsamkeit. Dann fühlen Sie sich dennoch nicht allein. Sie liegen nicht nur im Bett, sondern in den bergenden und liebenden Armen Gottes. Sie sagen, dass Sie Gottes Nähe nicht spüren. Wir können die Erfahrung von Gottes Nähe nicht erzwingen. Doch wenn Sie an Gottes Nähe glauben, wenn Sie glauben, dass Sie jetzt in diesem Zimmer nicht allein sind, dass Gottes Liebe Sie umgibt, dann fühlen Sie sich auch anders. Und dann hilft Gott durchaus, aber eben nicht als der Magier, der Ihnen die Probleme wegzaubert, sondern als der Vater, an den Sie sich wenden können, in dessen Nähe Sie sich geborgen und getragen fühlen.

> Gott hilft Ihnen, wenn Sie sich zu ihm wenden. Aber Gott hilft nicht von außen.

*I*ch kann mich an nichts mehr freuen. Alles ist so dunkel, so grau. Ich leide an Depressionen und komme nicht davon los Ich fühle keinen Fortschritt. Die vielen Therapien haben mir auch nicht geholfen, und auch nicht meine Gebete. Ich habe den Eindruck, dass niemand mir helfen kann.

Was kann ich denn noch machen? Ich habe doch schon alles versucht.

Erwarten Sie nicht von Gott, dass er Ihnen die Depression wegnimmt. Das ist unrealistisch. Nehmen Sie vielmehr Ihre Depression an. Spüren Sie sich in die Depression hinein, in das Dunkle, Gefühllose, Leere. Aber versuchen Sie, durch das Depressive hindurchzugehen bis auf den Grund Ihrer Seele. Dort, auf dem Grund Ihrer Seele, hört die Depression auf, Sie zu bestimmen. Dort ist ein Raum, zu dem die Depression keinen Zutritt hat. Dort auf dem Grund Ihrer Seele wohnt Gott. Und wenn Sie sich in diesen inneren Raum durch Meditation oder einfach nur durch die Vorstellung hinein begeben, dann fühlen Sie sich mitten in Ihrer Depression bei sich und bei Gott daheim. Dann haben Sie zwar immer noch keine Kraft, das Leben gut zu meistern. Aber Sie spüren mitten in Ihrer Depression einen inneren Frieden. Dann hat die Depression Sie nicht mehr im Griff. Sie können sich mit ihr aussöhnen, weil Sie die Depression in Ihre eigene Tiefe hinein führt, in die Tiefe des Seins, letztlich in die Tiefe Gottes hinein.

> Versuchen Sie, durch das Depressive hindurchzugehen bis auf den Grund Ihrer Seele.

*I*ch kann mir am Fernsehen die Nachrichten kaum anschauen. Wenn ich die hungernden Kinder in Afrika sehe,
von den grausamen Kämpfen in Syrien lese und das Elend der
Flüchtenden mitbekomme, dann fühle ich mich gelähmt. Ich
falle in tiefe Traurigkeit und habe keine Kraft mehr zum Leben.

Wie soll ich angesichts des Leids die Augen verschließen?

Sie sollen nicht die Augen verschließen vor dem Leid in
der Welt. Aber zugleich helfen Sie den Menschen in
Afrika nicht, indem Sie vor Mitleid zerfließen. Sie
brauchen auch einen gesunden Abstand. Das heißt
nicht, dass Sie Ihr Herz abschotten vor dem Leid in der
Welt. Aber Sie sollten sich verabschieden von der Illusion, dass Sie selbst Gott sind und alles Leid der Welt lin-
dern können. Ihre Möglichkeiten sind begrenzt, Ihre
Rolle ist es auch. Sie sind in einer Welt, die nicht ideal
und voller Leid ist. Das Leid der anderen verlangt auf
der einen Seite Ihre Solidarität. Wo können Sie wirklich
helfen? Und dann werden Sie spüren, dass Ihre Mittel
begrenzt sind. Damit müssen Sie sich aussöhnen. Zum
andern zeigt das Leid der Welt, dass auch wir nicht einfach auf einer Insel der Glücklichen leben. Auch wir erleben Leid. Wir leiden an uns selbst. Ich kann mir zwar
sagen: Mein Leid ist klein im Vergleich mit dem Leid
der hungernden Kinder. Aber dieser Hinweis hilft nicht
weiter. Ich leide trotzdem, dass mein Arbeitskollege
mich mobbt, dass ich von meinem Vater ständig ent-
wertet werde. Jeder hat sein Leid. Sie sollten darauf vertrauen, dass Ihr Leid Sie aufbrechen möchte, damit Sie

Ihr wahres Selbst entdecken, das nicht davon abhängig ist, ob es von allen gesehen und anerkannt wird. Und Sie sollten darauf vertrauen, dass Gott auch den leidenden Kindern in Afrika einen Weg zeigt, damit zurecht zu kommen und trotz ihres Leids auch eine innere Fröhlichkeit zu bewahren.

Wenn Sie auf die Ungerechtigkeit in der Welt fixiert sind, lähmen Sie sich selbst und Sie tragen nichts bei für eine gerechtere Welt. Vielleicht können Sie sich auch fragen: Was habe ich davon, dass ich mich ständig um die Ungerechtigkeit in der Welt kümmere? Weigere ich mich durch die Fixierung auf die Ungerechtigkeit, mir selbst und den Menschen in meiner Umgebung gerecht zu werden? Ist es eine Flucht vor den Herausforderungen, die der Alltag an mich stellt? Wenn Sie sich diese Fragen stellen, werden Sie erkennen: Was kann ich beitragen für eine gerechtere Welt? Und wo muss ich meine Grenzen akzeptieren? Wie kann ich mir selbst gerecht werden, anstatt mich mit dem Anspruch zu überfordern, die ganze Welt zu verändern?

> Fragen Sie sich: Was kann ich beitragen für eine gerechtere Welt? Und wo muss ich meine Grenzen akzeptieren?

Wenn ich für ein paar Tage im Kloster bin oder an einem Kurs teilnehme, geht es mir gut. Ich sehe mein Leben anders und habe mehr Hoffnung. Aber sobald ich an meinen Alltag denke, bekomme ich Angst, dass ich wieder in den alten Trott komme.Ich habe mir vorgenommen, ganz ich selber zu sein. Doch ich habe Angst, dass ich mich wieder schnell an die Erwartungen der anderen anpasse.

Was kann ich tun, wenn die Wellen wieder über mir zusammenschlagen?

Sie sollen sich nicht zuviel vornehmen. Nehmen Sie die Einsicht, die Ihnen hier wichtig geworden ist, und versuchen Sie, diese Einsicht immer tiefer in Ihr Herz fallen zu lassen. Erinnern Sie sich immer wieder daran, wie Sie sich gefühlt haben, als Ihnen aufgegangen ist: „Ich bin ich selber." Sie haben sich frei gefühlt. Sie haben sich innerlich aufgerichtet und gespürt: Das Leben ist gar nicht so anstrengend. Wenn ich mich nicht ständig unter Druck setze, die Erwartungen anderer zu erfüllen, sondern ganz aus mir heraus zu leben versuche, dann strömt das Leben einfach.

Sie können sich auch ganz konkret vornehmen, sich tagsüber immer wieder einmal vorzusagen: „Ich bin ich selber." Sagen Sie sich diesen Satz, wenn morgens der Wecker schellt. Dann werden Sie nicht von den Terminen bestimmt. Sie werden innerlich frei aufstehen. Sagen Sie sich diesen Satz, wenn Sie in ein Gespräch mit dem Chef oder wenn Sie in eine Sitzung gehen. In diesem Augenblick, in dem Sie sich das Wort vorsagen, fühlen Sie sich frei. Ob Sie diese innere Freiheit während der ganzen Sitzung durchhalten können, ist

Sagen Sie sich immer wieder einmal den Satz vor: „Ich bin ich selber." Und lassen ihn in Ihr Herz fallen.

nicht so wichtig. Zumindest beginnen Sie die Sitzung anders. Und irgendwann wird diese innere Freiheit Ihnen immer mehr in Fleisch und Blut übergehen. Sie müssen es kontinuierlich üben und sich diesen Satz vorsagen: „Ich bin ich selber."

*I*ch fühle mich erstarrt. Ich funktioniere noch. Aber ich empfinde keine Lebendigkeit.

Wie finde ich den Weg zur Lebendigkeit?

Was ist da in Ihnen erstarrt? Und warum ist es erstarrt? Wovor will Sie die Erstarrung schützen?

Indem Sie Ihre Erstarrung spüren, haben Sie doch ein Gefühl. Spüren Sie sich in dieses Gefühl hinein. Wo fühlen Sie sich erstarrt? Können Sie dieses Gefühl im Körper lokalisieren? Ist es im Herzbereich, oder im Nacken? Oder im Bauch? Gehen Sie in dieses Gefühl hinein. Vielleicht wandelt es sich schon, indem Sie es spüren. Wenn es sich nicht wandelt, dann fragen Sie sich: Was ist *unter* dem Gefühl der Erstarrung? Vielleicht entdecken Sie da in sich schon etwas von Lebendigkeit. Oder Sie fragen das Gefühl selbst, was es Ihnen sagen möchte. Was ist da in Ihnen erstarrt? Und warum ist es erstarrt? Wovor will Sie die Erstarrung schützen? Will sie Sie davor bewahren, einen tiefen Schmerz oder eine Enttäuschung zu spüren? Trauen Sie sich, sich mit dem Gefühl zu beschäftigen, in es hinein zu gehen oder mit ihm ein Gespräch anzufangen. Dann gehen Sie mit der Erstarrung um, aber die Erstarrung hat Sie nicht mehr im Griff.

6. KRISEN, FRUST und SCHEITERN –
Suche nach gelingender Partnerschaft

Das Thema der nicht gelingenden Partnerschaft kehrt in den Fragen, die Menschen an mich stellen, immer wieder. Es ist heute nicht so leicht und selbstverständlich, dass eine Beziehung gelingt. Oft sind es zu hohe Erwartungen, die wir an den anderen stellen. Oft sind es unsere Bilder und Wünsche, die wir einem anderen überstülpen und die zu Enttäuschungen führen. Oft ist es die Enttäuschung, dass wir uns auseinander gelebt haben, dass kein Gespräch mehr möglich ist. Und es gibt das Leiden darüber, dass man nicht den richtigen Partner oder die Partnerin findet. Es ist eine Ursehnsucht in uns, zu lieben und geliebt zu werden. Und zugleich erleben wir, dass wir in der Liebe nicht immer das Glück erfahren, das wir erhoffen. Liebe ist ja nicht mit einer romantischen Verliebtheit zu verwechseln, die auch in gelingenden Partnerschaften nur eine Phase der Beziehung beschreibt. Sie ist ein Weg, den anderen so zu lieben, wie er ist. Es ist ein Übungsweg, die Liebe zum anderen immer wieder in sich zu wecken und so zu gestalten, dass sie für beide fruchtbar wird und dass auf diesem Übungsweg immer wieder Glück erfahren werden kann. Jede Beziehung ist einmalig. Es gibt keine allgemeinen Ratschläge, die für alle zutreffen. Aber indem wir über unsere Beziehung mit einem Dritten sprechen, kann sich unsere oft zu einseitige Sicht relativieren. Und wir bekommen einen anderen Blick, um auf einmal auch all das Positive zu entdecken, das in unserer Beziehung liegt. Ich verstehe auch hier meine Antworten nicht als Ratschläge, sondern als Einladung, die eigene Beziehung und sich selbst in der Beziehung mit neuen Augen anzuschauen.

*I*ch sehne mich nach Freundschaft und Partnerschaft. Aber sobald mir eine Frau näher kommt, bekomme ich Angst vor zuviel Nähe. Ich habe Angst, mich auf die Beziehung einzulassen. Die Frau könnte von mir enttäuscht sein und mich wieder verlassen.

Ich verhindere mit meiner Angst jede Freundschaft. Und doch sehne ich mich im Tiefsten danach.

Sie müssen sich zuerst mit Ihrer Angst aussöhnen. Die Angst, dass eine Beziehung wieder auseinander gehen könnte, ist berechtigt. Aber was löst die Angst in Ihnen aus? Erinnert sie Sie an eine Erfahrung des Verlassenwerdens in der Kindheit? Dann müssen Sie sich diesem Schmerz nochmals stellen und sich dann vorstellen: Ja, ich kann wieder verlassen werden. Aber wenn ich mich auf niemanden einlasse, dann bin jetzt schon verlassen, dann verlasse ich mich selbst und bleibe nicht bei mir und meiner Sehnsucht. Und ich kann mir vorsagen, dass Gott mich nicht verlässt. Eine Beziehung einzugehen, ist immer ein Risiko. Aber wenn ich das Risiko meide, werde ich immer allein bleiben. Eine Beziehung wächst ja. Wenn ich nach den ersten Begegnungen spüre, dass die Wellenlänge doch nicht stimmt, kann ich mich trennen, ohne dass die Verletzung zu tief geht. Aber wenn etwas wächst, darf ich vertrauen, dass die Liebe immer mehr wächst und wir einander ergänzen und tragen können. Sie müssen sich verabschieden von

absoluten Vorstellungen, als ob eine Beziehung absolut halten müsste. Zu jeder
Beziehung gehören auch Zweifel. Ich
muss die Zweifel anschauen. Sie sagen
mir, dass die Partnerin nicht die Idealfrau

Es geht darum, sich von absoluten Vorstellungen zu verabschieden. Zu jeder Beziehung gehören auch Zweifel. Ich muss die Zweifel anschauen.

ist. Aber wenn ich die Zweifel zulasse, werde ich auch
das entdecken, worum es sich lohnt, sich auf diese Frau
einzulassen und mit ihr mein Leben zu teilen.

*S*eit zwei Jahren lebe ich von meiner Frau getrennt – ich kann ihr immer noch nicht verzeihen, dass sie mich betrogen hat.

Muss ich auch das wirklich vergeben können?

Eine tiefe Verletzung kann man nicht auf Befehl hin vergeben. Dennoch ist im Gebot der Vergebung Jesu eine heilende Absicht enthalten. Wenn wir nicht vergeben, sind wir noch innerlich gebunden an den, der uns verletzt hat. Wir geben ihm noch Macht. Vergebung ist daher ein Weg, sich frei zu machen von der verletzenden Macht des anderen. Vergeben heißt ja nicht entschuldigen oder gar gutheißen. Die Vergebung muss psychologisch richtig verstanden werden. Sie hat fünf Schritte:

– Den Schmerz zulassen und das verletzende Verhalten nicht entschuldigen.

– Die Wut zulassen. Die Wut ist die Kraft, sich von Ihrer Frau innerlich zu distanzieren. Und Sie sollen die Wut in Ehrgeiz verwandeln: Ich bin nicht abhängig von meiner Frau. Ich kann aus mir selbst leben.

– Die verletzende Erfahrung objektiv und nüchtern betrachten. Was ist damals abgelaufen? Warum hat meine Frau das getan? Was hat es mit mir gemacht?

– Jetzt erst kommt die Vergebung. Die Vergebung ist die Kraft, sich von der negativen Energie zu befreien, die durch die Verletzung noch in Ihnen ist. Sie befreien sich von Ihrer Frau und sind so frei, sich dem eigenen Leben zuzuwenden.

– Die Wunden in Perlen verwandeln. Es hat weh getan. Aber Sie sind durch diese Verletzung auch aufgebrochen worden, aufgebrochen für das wahre Selbst, aufgebrochen für Gott und aufgebrochen für die Menschen, die Sie nun auf neue Weise verstehen. Vielleicht entdecken Sie jetzt neue Stärken in sich, die Sie entfalten können.

Jemandem zu vergeben heißt nicht, dass Sie ihm um den Hals fallen müssen.

Vergeben heißt nicht, dass Sie Ihrer Frau um den Hals fallen. Vielleicht brauchen Sie lange Zeit den Abstand, um sich nicht – trotz der innerlich erfolgten Vergebung – neu verletzen zu lassen. Sie müssen sich auch mit Ihrer eigenen Grenze aussöhnen. Wenn Sie Kinder haben, dann wäre es wichtig, dass diese nicht in den Konflikt hinein gezogen werden. Vergebung ist daher für die Kinder nötig, damit sie weder Vater noch Mutter verlieren.

*I*ch bin seit fünf Jahren mit meinem Freund zusammen. Vor Kurzem hat er mir einen Heiratsantrag gemacht. Noch vor wenigen Wochen hätte ich ohne zu zögern Ja gesagt. Jetzt allerdings bat ich ihn erst einmal um Bedenkzeit. Der Grund: Ich habe in meinem Yogakurs einen Mann kennengelernt, in dessen Gegenwart ich zum ersten Mal seit Langem wieder richtig Schmetterlinge im Bauch spüre. Ich bin völlig durcheinander und weiß nicht, ob das nur Schwärmerei ist oder ob mehr dahinter steckt. Wie soll ich mich verhalten?

Ich will meine Beziehung nicht aufs Spiel setzen, aber auch nichts überstürzen.

Dass Sie sich in einer festen Beziehung in einen anderen Mann verlieben, das wird Ihnen auch in der Ehe immer wieder geschehen. Die Frage ist, wie Sie das Verliebtsein in Ihr Leben und in die bestehende Beziehung integrieren. Wenn Sie mit Ihrem Freund schon fünf Jahre zusammen sind und bis vor Kurzem den Heiratsantrag ohne Zögern angenommen hätten, spricht vieles dafür, dass Sie sich für diese Beziehung entscheiden sollen.

Wir verlieben uns immer in Menschen, die etwas von dem leben, was auch in uns ist, was wir aber zu wenig gelebt haben. Fragen Sie sich also, was dieser Mann in Ihnen hervorruft. Und dann spüren Sie in sich selbst hinein. Was er in Ihnen hervorruft, das ist in Ihnen. Das gehört Ihnen. Dafür müssen Sie nicht Ihre Beziehung aufs Spiel setzen. Sie sind 33 Jahre alt. Wenn Sie sich für den anderen Mann entscheiden, brauchen Sie wie-

der eine Zeit, um die Beziehung zu klä-   Die Frage ist, wie Sie das Verliebtsein in Ihr Leben und in die bestehende Beziehung integrieren.
ren. Und dann haben Sie sich gegen Ih-
ren jetzigen Freund entschieden. Dann
sitzen Sie alleine da. Wir werden nie
den idealen Partner finden, der alle unsere Gefühle anspricht. Es wird immer Männer geben, die andere Seiten in Ihnen ansprechen. Sie müssen sich verabschieden
von der Illusion, die Sie sich von einem Partner machen, und lernen, Ja zu sagen zu sich mit Ihrer Durchschnittlichkeit und zu dem Freund, der auch seine Hö-
hen und Tiefen hat. Sie müssen betrauern, dass weder
Sie noch Ihr Freund ideal sind. Durch dieses Betrauern
kommen Sie in Berührung mit all den positiven Kräften, die in Ihnen und in Ihrem Freund sind. So wünsche
ich Ihnen den Engel der Klarheit, der Sie begleitet bei
Ihrer Entscheidung.

Meine Ehe ist gescheitert. Bei der Hochzeit hatte ich gedacht, wir seien ein ideales Paar. Beide lebten wir aus dem Glauben. Wir hatten gemeinsame Interessen. Wir liebten uns und freuten uns aneinander. Aber wir haben uns immer mehr auseinander gelebt. Mein Mann hat mich nun verlassen, weil er einer Frau begegnet ist, von der er sagt, er spüre mit ihr eine Seelenverwandtschaft. Bei ihr würde er eine erfüllende Liebe erfahren, wie er sie bei mir nie erfahren hätte. Ich schäme mich vor den anderen in meiner Pfarrei. Denn wir waren beide in der Kirche engagiert.

Ich schäme mich so, weil mein Mann mich verlassen hat!

Es tut weh, sich einzugestehen, dass die Ehe trotz besten Wollens, trotz aller Spiritualität und trotz der starken Liebe, die wir zueinander spürten, gescheitert ist. Dieses Scheitern müssen Sie betrauern. Das Betrauern führt Sie in die Demut. Aber Demut heißt nicht, dass Sie sich klein machen. Sie spüren vielmehr, dass Sie nicht alles können, was Sie wollen. Sie wollten diese Ehe weiter führen. Aber es ging nicht. Wenn Sie sich selbst aussöhnen mit diesem Scheitern, dann brauchen Sie sich vor anderen nicht zu schämen oder zu entschuldigen. Sie stehen zu sich, auch zu Ihrem Scheitern. Sie dürfen sich nicht selber schlecht machen oder alle Schuld bei sich suchen. Wenn Gedanken kommen, was die anderen über Sie denken, dann verbieten Sie sich diese Gedanken. Denn sie helfen nicht weiter. Die anderen dürfen denken, was sie wollen. Wenn sie Sie verurteilen, ist das deren Sache. Viele werden ihre eigenen Probleme in Sie hinein projizieren. Dafür sind Sie nicht verantwortlich. Halten Sie Ihr Scheitern Gott hin und vertrauen darauf, dass Ihr Leben gut weiter geht, dass Sie durch das

Wenn Sie sich selbst aussöhnen mit diesem Scheitern, dann brauchen Sie sich vor anderen nicht zu schämen oder zu entschuldigen.

Scheitern hindurch in den Grund der Seele gelangen und dort auf neue Weise die Einzigartigkeit und Einmaligkeit Ihres Selbst entdecken. Und vielleicht werden sich auch nach außen neue Möglichkeiten ergeben, Ihre tiefsten Lebensträume zu verwirklichen.

Jahrelang bete ich darum, dass ich meinen von Gott vorgesehenen Mann finden darf. Ist das naiv?

Warum bleibt mein Gebet um einen guten Partner unbeantwortet?

Das Gebet befreit Sie nicht von der Aufgabe, sich selbst auf die Suche nach dem richtigen Partner zu machen.

Es ist durchaus in Ordnung, dass Sie Gott darum bitten, Ihnen den richtigen Mann zu schicken. Aber das Gebet befreit Sie nicht von der Aufgabe, sich selbst auf die Suche nach dem richtigen Mann zu machen. Das Gebet soll Sie dafür öffnen, auf andere Menschen, und natürlich auch auf Männer zuzugehen. Wenn Sie nicht den Richtigen finden, sollten Sie sich fragen, woran es liegt. Vielleicht haben Sie zu hohe Erwartungen oder aber Sie vermitteln den Männern etwas, das sie vor Ihnen zurückweichen lässt. Das Gebet ist immer sinnvoll. Aber das Gebet zu Gott will Sie auch dazu einladen, sich selbst vor Gott besser kennen zu lernen. Sie sollten Gott auch darum bitten, Ihnen zu zeigen, was Sie selbst tun können, damit Sie den Mann finden, mit dem Sie den Rest Ihres Lebens teilen möchten.

*I*ch bin seit über 20 Jahren Jahren Witwe und habe mich neu verliebt. Mein neuer Partner (73) ist in dritter Ehe verheiratet. Seine Frau leidet an Parkinson, aber er sagt, sie habe ihm versichert, er könne sein eigenes Leben führen. Seitdem ich von der Ehe meines Freundes weiß, quälen mich Zweifel. Begehe ich eine schwere Sünde?

Muss ich meinen Freund verlassen?

Dass Sie sich verliebt haben, dafür dürfen Sie dankbar sein. Objektiv ist es natürlich nicht in Ordnung, wenn Sie eine Beziehung zu einem verheirateten Mann aufrecht erhalten. Entscheidend aber ist die Frage, ob Ihre Beziehung seine Ehe zerstört und seiner Frau schadet. Wenn Ihre Beziehung Ihren Freund befähigt, liebevoll mit seiner kranken Frau umzugehen, dann dürfen Sie diese Beziehung leben. Sie ist zwar objektiv gegen die Norm der Kirche. Aber wenn sie für alle zum Segen wird, wird sie nicht gegen Gottes Willen sein. Allerdings bedarf es hier großer Ehrlichkeit. Allzu leicht sind wir in Gefahr, uns da etwas vorzumachen. Halten Sie also die Frage Gott hin, und hören Sie dann auf Ihr Gewissen. Das Gewissen ist die oberste Norm. Das ist auch Lehre der Kirche.

> Eine Beziehung, die für alle zum Segen wird, wird nicht gegen Gottes Willen sein.

*I*ch leide an meiner Ehe. Mein Mann hat kein Gespür für mich und meine Bedürfnisse. Ich möchte gerne mit ihm über meine Gefühle reden. Aber er blockt ab. Ich fühle mich in der Partnerschaft oft so allein und unverstanden.

Was kann ich machen, dass meine Ehe glücklicher wird?

Ihr Wunsch ist verständlich, dass Ihr Mann Sie besser versteht und bereit ist, mit Ihnen über Ihre Gefühle zu reden. Doch es ist eben die Realität, dass das momentan nicht so ist. Sie sollen die Hoffnung nicht aufgeben, dass es besser wird. Aber zunächst müssen Sie erst einmal betrauern, dass es so ist, wie es ist, dass Ihre Ehe nicht so ideal ist, wie Sie sich das gewünscht haben. Und Sie müssen sich selbst betrauern, dass Sie sich einsam und allein gelassen fühlen. Das tut weh. Aber in der Trauer kommen Sie mit sich selbst in Berührung, mit dem einmaligen und einzigartigen Bild, das Gott sich von Ihnen gemacht hat. Und wenn Sie mit sich selbst in Berührung sind, dann ist es nicht mehr nur wichtig, ob Ihr Mann Sie versteht oder nicht. Sie wollen Ihre Ehe glücklicher machen. Zunächst müssen Sie das Glück in sich selbst suchen. Wenn Sie im Einklang sind mit sich, dann sind Sie glücklich, ganz gleich, was von außen kommt oder nicht kommt. Und erst wenn Sie sich ausgesöhnt haben mit sich und Ihrer Einsamkeit, können Sie Schritte auf Ihren Mann zu tun. Dann werden Ihnen auch Wege einfallen, wie Sie Ihren Mann aus der Reserve locken können, wie Sie mit ihm ins Gespräch kommen können. Wenn Sie ins Gespräch gehen

mit der Erwartung, er müsse doch endlich auch über seine Gefühle reden, wird
er abblocken. Wenn Sie ihm aber ohne
Erwartung, aber doch voller Hoffnung
und Zuversicht, von sich erzählen, was

Zunächst müssen Sie das
Glück in sich selbst
suchen. Dann werden Sie
auch neue Wege im
Miteinander finden.

Ihnen wichtig ist und was Sie ihm wünschen, dann
wird er eher auftauen. Sie brauchen Geduld. Zunächst
sollen Sie versuchen, mit sich selbst weiter zu kommen,
sich mit sich zu versöhnen, durch das Betrauern den
Reichtum der eigenen Seele zu entdecken. Dann werden Sie die Wege finden, wie auch ihr Miteinander befruchtet wird.

Mein Mann kränkt mich oft, er wirft mir vor, schlampig zu sein. Ich kann das nicht mehr aushalten.

Ich verliere bei diesem Mann mein ganzes Selbstwertgefühl.

Stellen Sie sich vor, Sie wären im Theater. Sie schauen zu, was Ihr Mann wieder spielt. Aber Sie spielen nicht mit.

Sie dürfen Ihr Selbstwertgefühl nicht von Ihrem Mann abhängig machen. Wenn Ihr Mann Sie mit so primitiven Worten beschimpft, sollten Sie die Worte bei ihm lassen. Seine Worte sagen etwas über ihn aus, über seine eigene Frustration. Er erwartet anscheinend von einer jungen attraktiven Frau, dass er sein eigenes Alter vergisst. Stellen Sie sich das nächste Mal vor, Sie wären im Theater. Sie schauen zu, was Ihr Mann wieder spielt. Aber Sie spielen nicht mit. Dann hat Ihr Mann keine Macht über Sie. Natürlich gibt es Grenzen. Sie sollten Ihre Aggression auch dazu verwenden, sich abzugrenzen und dem Partner zu sagen, dass Sie so nicht mit sich reden lassen. Sie gehen dann einfach in ein anderes Zimmer. Oder Sie verlassen das Haus. Und wenn es immer schlimmer wird, dann können Sie sich auch überlegen, ob eventuell eine zeitliche und räumliche Trennung angebracht wäre.

Mein Mann und ich leben aneinander vorbei. Wir sind freundlich zueinander und können uns auch gut über die Organisation des Haushalts oder über die Kinder unterhalten. Aber wir selber haben uns nichts mehr zu sagen.

Ich spüre keine Liebe mehr.
Wie soll das weiter gehen?

Sie sollten zunächst dankbar dafür sein, dass Sie fair miteinander umgehen und dass Sie die Familie gemeinsam im Blick haben. Wenn Sie sich momentan nicht viel zu sagen haben, dann gibt es zwei Möglichkeiten. Die erste wäre, dass Sie versuchen, sich bewusst Zeit zu nehmen für ein Gespräch, um ohne Vorwürfe über sich und ihre Gefühle zu sprechen. Dann können Sie sehen, wie der andere reagiert, ob er das ähnlich sieht. Und vielleicht fallen Ihnen dann Wege ein, das Miteinander wieder zu intensivieren, sich wöchentlich einen gemeinsamen Abend zu gönnen. Oder aber Sie nehmen sich eine professionelle Hilfe in einer Paartherapie. Die zweite Möglichkeit: Sie sorgen zuerst einmal für sich selbst. Sie gehen die inneren Wege, die Sie brauchen, um sich weiter zu entfalten. Sie lesen die Bücher oder besuchen die Kurse, die Sie ansprechen. Wenn Sie gut für sich sorgen, wird auch die Beziehung zum anderen wieder interessanter. Vielleicht wird der Partner neugierig auf das, was Sie tun. Und vielleicht wird er dann auch etwas für sich selbst tun. Wenn Sie sich nichts zu sagen haben, kann das ja auch mit der eigenen inneren Leere zusammen hängen. Wenn ich wieder innerlich voll bin, kann das Herz auch wieder zu sprechen beginnen.

M it meiner Frau habe ich schon lange keine sexuelle Beziehung mehr. Ich leide sehr darunter. Doch meine Frau sagt, sie könne nicht über ihren Schatten springen.

Muss ich die sexuelle Zurückweisung in der Ehe akzeptieren?

Wenn die sexuelle Beziehung zwischen Mann und Frau nicht mehr möglich ist, ist es die erste Aufgabe, genau hinzusehen, wie die Beziehung insgesamt ist. Gibt es Verletzungen? Wie hat die Beziehung sich entwickelt? Wichtig ist, nicht mit gegenseitigen Beschuldigungen zu arbeiten, sondern nüchtern und offen zu schauen, was der Widerstand Ihnen und Ihrer Beziehung sagen möchte. Vielleicht ist es auch eine Hilfe, gemeinsam mit Ihrer Frau in eine Eheberatung zu gehen, um ohne gegenseitige Vorwürfe anzuschauen, wie es jedem von Ihnen mit dem Aufhören der sexuellen Beziehung geht und welche Möglichkeiten bestehen, sie wieder zu beginnen. Sexualität kann man dem Partner nicht vorschreiben. Es braucht Zeit, bis eine Beziehung wieder so lebendig wird, dass sie sich auch sexuell ausdrücken kann.

Wenn weder das Gespräch noch die Eheberatung weiter hilft, wäre es wichtig, sich damit auszusöhnen, dass Sie die Sexualität in Beziehung zu Ihrer Frau nicht leben können. Jenseits der Sexualität gibt es viele Möglichkeiten, zärtlich und liebevoll mit Ihrer Frau umzugehen und ihr zu zeigen, dass Sie sie so lieben, wie sie ist. Und Sie können sich fragen, wie Sie Ihre Sexualität in andere Bereiche einfließen lassen. Was sind für Sie Be-

reiche, in denen Sie sich lebendig fühlen? Versuchen Sie, die Verweigerung
der Sexualität durch Ihre Frau als
Chance zu sehen, spirituell zu wachsen.
Die Sexualität ist ja immer auch eine

Wir sollten nicht nur das nicht Gelebte betrauern, sondern auch die neuen Möglichkeiten und Chancen entdecken, die sich bieten.

Quelle von Spiritualität. Sie will unsere tiefste Sehnsucht auf Gott hin lenken. Vielleicht erahnen Sie dann,
dass Sie sich bei der Meditation oder beim Gebet in
Gott hinein übersteigen und dass Sie sich in Gott ganz
eins fühlen mit sich selbst, mit Ihrem Leib und mit Ihrer Sexualität. Sie sollen das Nichtleben betrauern, aber
dann auch die neuen Möglichkeiten entdecken, die sich
Ihnen bieten.

*I*ch habe oft Probleme, wenn mein Mann mit mir schlafen
möchte. Oft habe ich nicht das Bedürfnis dazu. Als ich ihm
das neulich sagte, antwortete er mir, dass er es unbedingt
brauche, um sich zu entspannen. Das hat mich sehr verletzt.
Wie soll ich mich verhalten?

Ich fühle ich mich von meinem eigenen Mann benutzt.

Auf jeden Fall sollten Sie ihm sagen, was seine Aussage
bei Ihnen ausgelöst hat. Und dann können Sie sich gemeinsam überlegen, wie Sie mit den wohl unterschiedli-
chen Bedürfnissen nach sexuellem Einswerden umgehen
wollen. Sie sollen sich nicht verbiegen oder gar innerlich
zwingen. Sie sollen auf Ihre Gefühle hören. Doch zugleich sollen Sie sich fragen: Sagt mein Widerstand etwas über meine Beziehung zu meinem Mann aus? Halten mich Kränkungen davon ab, mit ihm zu schlafen?
Oder ist es eine innere Ablehnung von Sexualität, die
sich seit meiner Kindheit in mich eingeprägt hat? Oder
haben wir einfach einen anderen Rhythmus in uns?

Mann und Frau haben nicht immer die gleichen Bedürfnisse. So braucht es auf der einen Seite ein gutes Hinhorchen auf die eigenen Gefühle. Auf der anderen Seite
sollten Sie sich die Frage stellen: Auch wenn ich heute
keine große Lust habe, kann ich mich doch auf den
Wunsch meines Mannes einlassen und mich ihm hin-
geben und in der Hingabe vielleicht doch auch eine Er-
füllung erfahren? Manchmal tut es uns selbst gut, wenn
wir uns auf den Wunsch des Partners einlassen. Das gilt

nicht nur für die Sexualität. Wenn sich immer nur einer durchsetzt, dann schadet das der Beziehung. Es braucht die Bereitschaft von beiden, sich auf die jeweiligen Wünsche des anderen einzulassen und auch mal den eigenen Wunsch loszulassen. Aber es ist immer eine Gratwanderung. Von außen kann ich da nicht viel sagen. Versuchen Sie, mit Ihrem Mann darüber zu reden, wie Sie einen Weg finden, der beide achtet und mit dem beide gut leben können.

Wenn sich immer nur einer durchsetzt, dann schadet das der Beziehung.

Meine Frau kritisiert ständig an mir herum. Ich kann ihr nichts recht machen. Ich fühle mich nur noch klein gemacht. Meine Krebskrankheit zeigt mir, dass ich nicht mehr lange zu leben habe. Ich weiß nicht, ob ich dieses Jahr noch zu Ende leben kann. Aber selbst die Krankheit hindert meine Frau nicht daran, alles an mir zu entwerten.

Ich fühle mich von der eigenen Frau klein gemacht und abgelehnt.

Es tut weh, wenn Sie das Gefühl haben, dass Sie Ihrer Frau nichts Recht machen können und dass alles, was Sie tun, verkehrt ist, ja dass Sie selbst als Person verkehrt sind und eine Last für Ihre Frau. Offensichtlich ist Ihre Frau unzufrieden und fühlt sich Ihnen gegenüber minderwertig. Daher muss sie Sie immer klein machen. Sie können sich nur schützen, indem Sie sich vorstellen: Meine Frau spielt das Theaterstück ihrer Minderwertigkeit. Ich kann nur zuschauen, ohne mitzuspielen. Aber es macht Sie natürlich traurig, dass dieses Theaterstück spielt und nicht an den Abschied denkt, der Ihnen beiden bevorsteht. Sie können nur hoffen, dass Ihre Frau irgendwann erkennt, wer sie da verlässt, und dass sie den Abschied bewusst vollzieht. Schreiben Sie ihr, welche Spur Sie mit Ihrem Leben in diese Welt eingraben möchten. Schreiben Sie, was Ihre Botschaft an Ihre Frau ist und Ihr Wunsch an sie. Schreiben Sie ohne Vorwürfe. Schreiben Sie, was Sie mit Ihrem Leben vermitteln möchten, auch wenn es Ihnen nicht immer so gelungen ist, wie Sie sich das vorgestellt haben. Spätestens nach Ihrem Tod werden Ihre

Worte eine Verwandlung in Ihrer Frau bewirken. Diese Hoffnung sollten Sie nicht aufgeben. Aber schützen Sie sich.

Die Hoffnung sollten Sie nicht aufgeben. Aber schützen Sie sich.

Bleiben Sie bei sich und halten Sie die Lebenszeit, die Ihnen noch bleibt, Gott hin, dass er Ihre Tage segnen möge, damit Sie dann im Tod das vollziehen können, was die deutsche Sprache mit dem Tod verbindet: dass Sie das Zeitliche segnen, dass Sie zum Segen werden für die, die noch in der Zeit sind.

Mein Mann hat mich wegen einer anderen Frau verlassen. Ich liebe ihn immer noch und würde alles tun, wieder mit ihm zusammen zu sein. Aber er gibt mir keine Chance. Er hat sich für die andere entschieden. Das ist kränkend, ich habe das Gefühl, nichts wert zu sein und fühle mich wie gelähmt. Und doch muss ich noch für meine Kinder da sein.

Mein Lebenstraum von einer guten Ehe ist zerbrochen.

Zu betrauern, dass Ihr Lebenstraum einer guten Ehe und Familie durch den Weggang Ihres Mannes zerbrochen ist, das ist ein großer Schmerz. Sie können diesem Schmerz nicht ausweichen. Gehen Sie durch ihn hindurch, bis Sie in den Grund Ihrer Seele gelangen. Dort werden Sie unterhalb Ihres Schmerzes in Berührung kommen mit Ihrem wahren Selbst. Dort erkennen Sie, dass Sie nicht nur die Frau dieses Mannes sind, der Sie verlassen hat, sondern dass Sie ein einzigartiger und einmaliger Mensch sind. Sie kommen dort in Berührung mit dem unverfälschten Bild, das Gott sich von Ihnen gemacht hat. Und vielleicht regt sich auf dem Grund Ihrer Seele neue Hoffnung, Ihr Leben auf neue Weise weiter zu leben, neue Möglichkeiten in sich zu entfalten und neue Kraft zu spüren, eine Kraft, die nicht nur aus Ihnen kommt. Wenn Sie mit dieser inneren Quelle in Berührung sind, dann kreisen Sie nicht mehr um die Frage, ob Sie nicht gut genug waren für Ihren Mann. Und Sie kreisen nicht mehr um die Verletzung, Enttäuschung und auch nicht mehr um die Wut, dass

Ihr Mann Ihnen das angetan hat. Sie werden Ihre Wut vielmehr verwandeln: Ich kann selber leben. Ich bin nicht nur die Frau dieses Mannes. Ich bin auch ich selbst. Ich werde mein Leben nun selbst in die Hand nehmen und es so gestalten, dass es aufblüht und zum Segen wird für meine Kinder, aber auch für andere Menschen.

Mein Mann fragte mich, ob ich einverstanden sei, dass eine ehemalige Schulfreundin zu Besuch käme. Ich war einverstanden, denn ich wusste, dass die Beziehung meines Mannes zu mir stimmte und dass da keine tiefere Beziehung zu dieser Schulfreundin bestand. Doch als sie zu Besuch kam, habe ich es vor Eifersucht kaum ausgehalten. Ich war über mich selbst enttäuscht. Mein Mann hatte mich doch extra gefragt.

Die Eifersucht hat mich einfach überfallen.

Sie haben sich offensichtlich selbst überschätzt, als Sie dachten, es sei für Sie kein Problem, wenn die Schulfreundin meines Mannes zu Besuch kommt. Sie sollen sich selbst dafür nicht verurteilen. Vielmehr schauen Sie in aller Demut Ihre eigene Grenze an: Auch wenn ich nicht eifersüchtig sein will, ist die Eifersucht in mir. Und ich kann das Vertrautsein meines Mannes mit früheren Freundinnen nicht aushalten. Schauen Sie das an, ohne es zu bewerten. Es ist so. Und dann fragen Sie, woran Sie diese Eifersucht erinnert. Vermutlich bricht in Ihrer Eifersucht, gegen die Sie sich nicht wehren können, eine alte Wunde auf. Sind Sie schon einmal verlassen worden? Ist Ihr Vertrauen missbraucht worden? Haben Sie eine Grundangst, dass Sie nicht liebenswert genug sind, dass Sie nicht attraktiv genug sind und Ihr Mann sich daher anderen Frauen zuwenden könnte? Lassen Sie diese Fragen und die Antworten, die sich in Ihrem Herzen bilden, einfach zu. Gehen Sie durch den Schmerz und durch die Eifersucht hindurch, bis Sie in den Grund Ihrer Seele gelangen. Dort erfahren Sie inneren Frieden. Aber es ist kein Friede, der Sie von aller Eifersucht und allem Schmerz befreit. Es ist ein Friede unterhalb der Eifersucht, unterhalb des Schmerzes, auf dem Grund Ihrer Seele. Aber wenn Sie in diesen Grund gelangt sind, dann sind Sie einverstanden mit sich, auch mit Ihrer Eifersucht. Sie sind demütig geworden. Sie haben den Mut gefunden, in die Tiefe Ihrer Seele hinabzusteigen, durch alle emotionalen Turbulenzen hindurch. Und dort unten spüren Sie einen tiefen inneren Frieden.

Was ist ihre Grundangst? Sind Sie schon einmal verlassen worden? Ist Ihr Vertrauen missbraucht worden?

*I*ch bin gut verheiratet und habe mit meiner Frau zwei Kinder. In letzter Zeit drängt es mich, mir Pornofilme anzuschauen, in denen es um homosexuelle Beziehungen geht. Ich erschrecke davor, dass es mich dazu drängt. Bin ich etwa selber homosexuell? Es ist doch Sünde, solche Filme anzuschauen?

Wie komme ich von dieser Fixierung los?

Zunächst ist es wichtig, dass Sie das, was Sie tun, ganz nüchtern anschauen. Je mehr Sie es sich verbieten, desto mehr reizt es Sie, es trotzdem zu tun. Und je mehr Sie diese Bilder mit Schuldgefühlen verbinden, desto weniger kommen Sie davon los. Sie sollen also fragen: Wofür stehen diese Filme? Bringen Sie mich in Berührung mit meiner eigenen Männlichkeit? Leide ich daran, mich zu wenig als Mann zu fühlen? Dann wären die Filme für Sie eine Einladung, sich über das eigene Mannsein Gedanken zu machen. Was macht mich als Mann aus? Wo laufe ich falschen Bildern der Männlichkeit nach? Wenn Sie wissen, wofür der Drang steht, diese Filme anzuschauen, dann können Sie es auch lassen. Dann spüren Sie, dass Ihre Seele Sie dazu nur deshalb gedrängt hat, um sich über die eigene Identität klarer zu werden. Ich glaube nicht, dass Sie homosexuell sind. Aber in jedem Mann gibt es auch homophile Anteile. Wenn Sie die bewusst anschauen, können Sie die Freundschaft zu Männern genießen, ohne Angst zu haben, dass es eine homosexuelle Beziehung wird. Schauen Sie in Ihren Freundeskreis. Welche Männer

würde ich als meine Freunde bezeich-
nen? Wie bereichern sie mein Leben?
Wo möchte ich mich mehr auf die
Freundschaft mit Männern einlassen,

Was macht mich als Mann aus? Wo laufe ich falschen Bildern der Männlichkeit nach?

um meine eigene männliche Identität zu stärken. Die
männliche Identität zu stärken geht nicht zu Lasten
der Frau. Vielmehr wird dann auch die Beziehung zu
Ihrer Frau und zu Frauen überhaupt befruchtet.

Mein Freund hat mich verlassen. Ich liebe ihn immer noch. Und ich habe das Gefühl, dass wir zusammen gehören. Ich habe Angst, dass er sich selbst verletzt hat, als er sich von mir trennte. Er fühlte sich manchmal mir gegenüber unterlegen. Das konnte er offensichtlich nicht aushalten.

Soll ich ihn loslassen oder weiter auf ihn hoffen?

Diese Liebe ist nun auch unabhängig von Ihrem Freund in Ihnen. Trauen Sie dieser Liebe.

Offensichtlich ist es noch zu früh, Ihre Liebe zu Ihrem Freund loszulassen. Die Liebe ist ja noch in Ihnen. Die Frage ist, ob auch die gegenseitige Liebe eine Zukunft hat. Sie sollen zunächst die Hoffnung nicht aufgeben, dass Ihr Freund durch den Abstand mehr zu sich selbst findet. Und wenn er bei sich ist, kann er nochmals nüchtern überlegen, ob er sich mit der Trennung nur selbst verletzt hat, sich vielleicht selber bestraft hat, weil er seinem eigenen Anspruch an sich selbst und seine Liebe nicht gerecht wurde. Aber wenn dieses Gefühl der Unterlegenheit so stark in ihm ist, dass es die Partnerschaft dauerhaft belastet, dann sollten Sie Ihren Freund loslassen. Die Liebe zu ihm ist natürlich weiterhin in Ihnen. Und Sie sollten dankbar diese Liebe in sich selbst spüren. Die Liebe gehört zu Ihnen. Der Freund hat diese Liebe in Ihnen geweckt. Er hat Sie in Berührung mit Ihrer Liebe gebracht. Aber diese Liebe ist nun auch unabhängig von Ihrem Freund in Ihnen. Trauen Sie dieser Liebe und vertrauen Sie darauf, dass diese Liebe dann einen Menschen findet, der sie so erwidern wird, dass es für beide beglückend wird.

*I*ch sehne mich so nach einem Partner. Aber immer habe ich die falschen kennengelernt. Ich bin nie einem begegnet, mit dem ich mein Leben hätte teilen können. Und wenn mich ein Mann in dieser Weise angesprochen hat, war er meistens schon durch Heirat oder Freundschaft gebunden.

Warum gönnt mir Gott keinen Partner, der zu mir passt?

Gott schickt Ihnen nicht einfach einen Freund. Natürlich dürfen Sie Gott darum bitten und ihm Ihre Sehnsucht hinhalten. Aber wenn es nicht gelingt, dann ist der erste Schritt, erst einmal gut mit sich allein zurecht zu kommen. Wer nicht allein leben kann, der findet meist auch keinen Partner. Wenn der andere spürt, dass die Freundin sich an ihn klammern möchte, schreckt das eher ab. Wenn Sie jedoch gut mit sich allein leben können, dann sollten Sie offen bleiben für eine Partnerschaft. Aber Sie sollten nicht um jeden Preis eine Partnerschaft anstreben. Halten Sie Gott beide Möglichkeiten des Lebens hin und bitten ihn, Sie in Ihrem Alleinsein zu unterstützen. Wenn Sie *ihn* bitten, dass Ihre Suche gelingen möge, sind Sie nicht mehr darauf fixiert. Und so können Sie mit größerer Gelassenheit auf eventuelle Partner schauen und auf sie zugehen. Ich wünsche Ihnen den Engel der Hoffnung, der niemals aufgibt, als guten Begleiter auf Ihrer Suche nach einem guten Partner. Aber auch den Engel des Alleinseins, der Sie lehrt, auf gute Weise allein zu sein.

> Der Engel des Alleinseins und der Engel der Hoffnung können gute Lehrer sein.

Mir geht es so schlecht. Mein Mann versteht mich nicht und spricht nicht mehr mit mir. Ich weiß nicht mehr, was ich machen soll.

Die Gesprächsverweigerung verletzt mich tief.

Es ist verständlich, dass Ihnen die Gesprächsverweigerung Ihres Mannes weh tut und dass Sie sich verletzt fühlen. Aber Sie können momentan Ihren Mann nicht ändern. Sie sollen daher erst einmal für sich selbst sorgen. Sie müssen betrauern, dass die Beziehung zu Ihrem Mann nicht so ist, wie Sie sich das gedacht haben. Das Betrauern ist schmerzlich. Aber durch die Trauer hindurch kommen Sie dann in Berührung mit Ihrem eigenen Herzen und mit der Kraft, die in Ihnen liegt. Sie können dann überlegen, was Sie für sich selbst tun möchten. Was brauchen Sie, damit Sie im Einklang sind mit sich selbst? Sie sollen Ihrem Mann nicht soviel Macht geben. Tun Sie erst einmal das, was Ihnen selbst gut tut. Ihr Wohlbefinden ist nicht allein von Ihrem Mann abhängig. Sie sind für Ihren inneren Frieden verantwortlich. Nehmen Sie sich jetzt in der Adventszeit Zeit, sich allein vor eine Kerze zu setzen. Spüren Sie in Ihre Sehnsucht hinein. Und stellen Sie sich vor: In meiner Sehnsucht nach Liebe ist schon Liebe. In meiner Sehnsucht nach Licht ist schon Licht. Und in meiner Sehnsucht nach Frieden ist schon Frieden in meinem Herzen. Gehen Sie nach innen. Dort finden Sie alles. Natürlich wäre es schön, wenn auch die äußere Welt angenehmer wäre. Aber wenn Sie den inneren Frieden in sich gefunden haben, verliert auch die bedrängende äußere Situation an Macht. Vielleicht wird der Mann dann irgendwann auf Sie neugierig, wenn er spürt, dass es Ihnen auch ohne ihn gut geht.

Was möchten Sie für sich selbst tun? Was brauchen Sie, damit Sie im Einklang sind mit sich selbst?

Mit meinem Mann kann ich nicht über meine Gefühle sprechen. Er ist zwar ein herzensguter Mann, der alles für mich tut. Aber es ist nicht möglich, mit ihm persönlich zu sprechen. Da verstummt er. Ich fühle mich daher so einsam in meiner Ehe. Ich weiß, dass mein Mann mich liebt. Aber er ist einfach unfähig, persönlich über seine Gefühle zu sprechen.

Ich leide unter meiner Einsamkeit neben meinem Mann.

Ich würde zunächst dankbar sein für die Liebe, die Ihr Mann zu Ihnen hat. Dass er diese Liebe nicht in persönlichen Gesprächen ausdrücken kann, ist schmerzlich. Aber Sie sollen nicht darauf fixiert sein, dass er diese Unfähigkeit hat. Vielleicht hat er von Kindheit an nicht gelernt, über seine Gefühle zu sprechen. Das war keine Kultur in seiner Familie. Vielleicht muss er sich auch davor schützen, weil seine Gefühle ihm Angst machen, weil da in ihm ein inneres Gefühlschaos herrscht, das er lieber unter Verschluss halten möchte. Verstärken Sie all das, was Sie gemeinsam miteinander tun können: gemeinsam wandern, gemeinsam in ein Konzert oder in einen Film gehen. Zumindest erleben Sie es dann gemeinsam, auch wenn Sie nachher nicht darüber sprechen können. Aber Sie können ja zumindest erzählen, was Sie beim Konzert oder beim Film berührt hat. Ihr Mann hört ja zu. Sie sprechen nicht ins Leere. Er kann nur nicht antworten. Aber er hat auch etwas gefühlt. Und wenn Sie über Ihre Gefühle sprechen, dann kommt er auch mit seinen Gefühlen in Berührung. Es tut ihm gut. Nur wenn er sich gedrängt fühlt, selber etwas sagen zu müssen, muss er sich innerlich schützen. Das, was Sie als Austausch über Ihre Gefühle suchen, dürfen Sie sich anderswo gönnen, mit Freundinnen, bei Bibelgesprächen oder bei Kursen, die Sie besuchen. Auf diese Weise können Sie dankbar genießen, was Ihr Mann Ihnen schenkt, ohne ständig enttäuscht zu sein über das, womit er sich selber schwer tut. Vielleicht tauen allmählich die vereisten Gefühle beim Mann auf. Je mehr Druck Sie geben, desto mehr werden die Gefühle vereist bleiben. Wenn Sie jedoch locker darüber sprechen, ohne ständig Erwartungen an den Mann auszudrücken, können sich die Gefühle langsam in ihm regen und irgendwann auch Worte finden, sie auszudrücken.

> Wenn Sie über Ihre Gefühle sprechen, ohne Druck auszuüben, dann kommt er auch mit seinen Gefühlen in Berührung.

Mit meinem Mann gibt es momentan soviel Streit. Wir streiten uns um viele Kleinigkeiten. Er regt sich auf, wenn etwas nicht aufgeräumt ist. Ich rege mich auf, wenn er die nötigen Reparaturen zwar verspricht, aber dann doch nicht durchführt. Wir spüren, dass wir uns das Leben momentan schwer machen.

Wir finden keinen Weg, vernünftig unsere Konflikte zu besprechen.

Setzen Sie sich in aller Ruhe zusammen und analysieren gemeinsam, was momentan zwischen Ihnen nicht gut läuft. Versuchen Sie dabei, nicht zu bewerten. Formulieren Sie lieber Ihre Wünsche an den anderen. Und versuchen Sie, zu erklären, warum Sie momentan den Erwartungen des anderen nicht entsprechen. Rechtfertigen Sie sich nicht. Und dann überlegen Sie, wie Sie mit den äußeren Fakten, über die Sie sich gegenseitig aufregen, besser umgehen können. Und fragen Sie sich gemeinsam, ob Ihr Konflikt nicht tiefer geht. Vielleicht ist das Unaufgeräumte und die nicht erledigte Reparatur nur der Anlass, warum Sie sich momentan immer wieder streiten. Vielleicht liegt dahinter eine Enttäuschung über den anderen oder auch über sich selbst. Oder aber der Grund ist eine Überforderung in anderen Bereichen, etwa in der Arbeit, oder in der Kindererziehung. Versuchen Sie gemeinsam zu verstehen, was da momentan bei Ihnen abläuft, ohne dass Sie sofort an den guten Willen appellieren. Geben Sie Ihre Bedürftigkeit, Ihre Empfindlichkeit, Ihre Überforderung zu.

Und nehmen Sie ernst, wenn der andere über seine innere Situation erzählt. Und dann fragen Sie sich beide: Was kann uns helfen? Was sollte jeder für sich selbst tun? Und wie können wir miteinander klüger umgehen, damit wir uns nicht ständig über kleine Dinge streiten? Und dann treffen Sie eine Vereinbarung und stoßen mit einem Glas Sekt oder einem Glas Wein auf Ihren gemeinsamen Weg an.

Fragen Sie sich, ob Ihr Konflikt nicht tiefer geht? Versuchen Sie dabei, nicht zu bewerten.

Ich fühle mich schuldig, weil ich meinem Mann gegenüber nicht die Liebe aufbringen kann, die er von mir erwartet. Ich liebe ihn nicht so intensiv, wie er sich das wünscht.

Aber ich spüre nicht die intensive Liebe, die er sich vorstellt.

Auch in uns selbst sind ungeliebte Anteile.

Sie können Ihrem Mann nur geben, was Sie zu geben haben. Sie können nicht Gefühle der Liebe in sich erzeugen, die für Sie nicht stimmen. Versuchen Sie, Ihren Mann so anzunehmen, wie er ist, auch in seiner Bedürftigkeit. Und geben Sie ihm das, was Sie können. Begegnen Sie ihm mit Wohlwollen. Spüren Sie sich in ihn hinein. Was geht in ihm vor? Was täte ihm gut? Und dann überlegen Sie, was Sie ihm geben können. Aber gehen Sie auch gut mit sich selbst um. Sie können nicht seine ganze Bedürftigkeit erfüllen. Fragen Sie sich auch: Warum kann ich meinen Mann nicht so lieben? Gibt es etwas an ihm, was mich an Seiten in mir erinnert, die ich nicht annehmen kann? Dann wäre Ihre Unfähigkeit, Ihren Mann zu lieben, eine Einladung, erst einmal in sich selbst die ungeliebten Anteile anzunehmen. Segnen Sie Ihren Mann, dass Gottes Segen ihn mit seiner Liebe einhüllt und dass er in sich selbst Frieden findet. Dann wird seine übergroße Bedürftigkeit Ihnen gegenüber sich relativieren. Zwingen Sie sich nicht zu Gefühlen, aber bleiben Sie Ihrem Ja ihm gegenüber treu. Dann können sich durchaus wieder Gefühle von Liebe einstellen. Aber es ist ja auch schon viel, fair mit ihm umzugehen, wohlwollend und stützend.

7. ÄRGER, ANGST, ETCETERA –
Der schwierige Umgang mit Gefühlen

Nicht nur mit unseren Gedanken, Worten und Taten können wir die Wirklichkeit um uns herum prägen, sondern auch mit unseren Gefühlen. Aber nicht immer sind es positive und erfreuliche Gefühle, die uns bestimmen. Viele leiden an ihren Gefühlen, an Ärger, Jähzorn, Angst, Neid, Eifersucht oder Unzufriedenheit. Unsicherheit oder mangelndes Selbstwertgefühl machen uns zu schaffen Es hat wenig Sinn, gegen solche Gefühle zu kämpfen. Jedes Gefühl hat einen Sinn. Jedes Gefühl verweist uns auf die eigene Lebensgeschichte. Es lädt uns ein, unsere Lebensgeschichte anzuschauen und uns auszusöhnen mit den Situationen, in denen diese Gefühle zum ersten Mal sehr stark aufgetaucht sind. Und jedes Gefühl lädt uns ein, über die Maßstäbe nachzudenken, die wir an uns selbst, an unser Leben und an die anderen und ihr Verhalten anlegen. Wir sollten uns für kein Gefühl schämen. Alle Gefühle dürfen sein. Aber sie verlangen auch, dass wir sie anschauen und mit ihnen sprechen und dass wir dann uns selber besser kennen lernen und uns durch diese Wahrnehmung in unserer Einmaligkeit annehmen. Die Gefühle sind eine Einladung, eine spannende Entdeckungsreise in das eigene Innere zu machen.

*I*ch bin tief verunsichert. Die Finanzkrise hat mich persönlich getroffen. Die Ersparnisse, die ich für die Altersversorgung angelegt habe, sind wesentlich weniger wert. Ich spüre, dass sich all die Versprechungen der Banken für eine solide Alterssicherung in Luft aufgelöst haben.

Nichts mehr ist sicher.
Worauf kann ich bauen?

Die Finanzkrise hat gezeigt, dass wir uns durch nichts völlig absichern können. Es gibt keine Versicherung, die alle Risiken abdeckt. So gesehen ist diese Finanzkrise auch eine spirituelle Herausforderung. Ich muss mich damit aussöhnen, dass das Leben unsicher ist. Diese Unsicherheit verweist mich auf Gott. Sie haben das getan, was menschenmöglich ist. Doch ob das, was Sie getan haben, für Sie ausreicht, das hängt nicht allein von Ihnen ab, sondern letztlich vom Segen Gottes. So stellen Sie Ihr Leben unter den Segen Gottes. Vertrauen Sie darauf, dass Gott für Sie sorgen wird. Aber lassen Sie sich von dieser Verunsicherung auch dazu einladen, nicht auf Geld zu bauen, sondern letztlich auf Gott. Es gibt andere Werte als eine gute Absicherung im Alter. Der wahre Reichtum – so sagt uns Jesus im Evangelium – ist in uns. Es geht darum, den Schatz im Acker unserer Seele zu entdecken und die kostbare Perle zu finden, die unser Leben glücklich macht. Letztlich ist Gott der wahre Reichtum unserer Seele. So will die Krise unsere Maßstäbe zurecht rücken, damit wir unser Lebenshaus auf Gott bauen und nicht auf den Sand der Illusion, als ob wir alles selber absichern könnten. Die

Gesundheit liegt nicht allein in unserer Hand, die Zukunft nicht und auch die Finanzen nicht. So sind wir in allem letztlich angewiesen auf Gottes Segen. Bitten Sie um Gottes Schutz und Hilfe und stellen Sie Ihr Leben unter Gottes Segen. Dann können Sie getrost in die Zukunft schauen.

Lassen Sie sich von dieser Verunsicherung auch dazu einladen, nicht auf Geld zu bauen. Es gibt andere Werte.

*I*ch bin Pfarrgemeinderatsvorsitzende und rege mich oft auf, dass es Gruppen gibt, die die Pfarrei und auch den Pfarrer dominieren wollen. Der Pfarrer gibt sich alle Mühe. Aber diese Gruppe lässt nichts Gutes an ihm. Ich traue mich oft nicht, dem Wortführer dieser Gruppe entgegen zu treten. So schimpfe ich daheim auf ihn. Aber ich spüre, dass es mir nicht gut tut.

Wie kann ich verhindern, dass Ärger alles vergiftet?

Der Ärger ist berechtigt. Aber wenn Sie den Ärger nur in sich tragen und ihn daheim Ihrem Mann gegenüber heraus lassen, tut es Ihnen nicht gut. Die Gruppe hat dann Macht über Sie. Sie haben vielleicht Angst, gegen die Gruppe zu kämpfen oder dem Anführer offen gegenüber zu treten, weil der besser reden und die Leute leicht für sich vereinnahmen kann. Sie müssen auch nicht gegen ihn kämpfen. Aber nehmen Sie den Ärger als Quelle der Kraft. Die Aggression möchte Sie befähigen, Ihre Meinung klar zu vertreten. Sie müssen nicht dem anderen widersprechen oder ihn belehren. Aber vertreten Sie klar Ihren Standpunkt: „Ich sehe das so. Für mich ist das so. Ich verstehe gar nicht, was Sie möchten." Wenn Sie Ihren Standpunkt klar äußern, wird es Ihnen selbst besser gehen. Sie fühlen sich freier. Und vermutlich sind viele andere auch froh, dass Sie den Mut finden, Ihre Meinung zu sagen. Sie werden dann vielleicht auch ermutigt, ihre Meinung zu sagen. Vor allem müssen Sie diesem Mann inneres Hausverbot erteilen. Sie müssen ihn innerlich aus sich und aus Ihrem Haus heraus werfen. Nur dort, wo Sie ihm begegnen, etwa im Pfarrgemeinderat oder nach dem Gottesdienst, da sollen Sie Farbe bekennen, freundlich, aber klar. Wenn er merkt, dass er keinen Eindruck auf Sie macht mit seiner Stimmungs-

Nehmen Sie den Ärger als Quelle der Kraft. Erteilen Sie diesem Mann inneres Hausverbot.

mache, dann wird er schwächer werden. Irgendwann wird er die anderen nicht mehr so dominieren können.

*I*ch habe zwei kleine Kinder mit zwei und drei Jahren. Jedesmal wenn ich mit den Kindern im Auto in die Stadt fahre, um einzukaufen, habe ich Angst, mir könnte etwas passieren. Und ich würde es mir nie verzeihen, wenn ich daran schuld wäre, dass die Kinder beim Unfall verletzt oder traumatisiert würden. Ich komme gegen diese Angst nicht an.

Es könnte den Kindern doch wirklich etwas passieren!

Nehmen Sie die Angst als Einladung, sich unter den Segen Gottes zu stellen.

Die Angst ist durchaus berechtigt. Wir haben keine Garantie, dass wir immer unfallfrei fahren. Selbst wenn wir achtsam fahren, kann uns jemand schuldlos in einen Unfall verwickeln. Doch je mehr Sie sich auf die Angst fixieren, desto mehr verkrampfen Sie sich beim Fahren. Und das ist gerade kontraproduktiv. Denn diese innere Verkrampfung führt oft zu Unfällen. Nehmen Sie die Angst an. Sagen Sie sich: Ja, ich habe keine Garantie, dass kein Unfall geschieht. Aber nehmen Sie die Angst, um Gott um seinen Segen zu bitten. Dann fahren Sie mit Gottes Segen. Die Angst wird zur Einladung, sich unter Gottes Segen zu stellen. Und dann werden Sie alle Schritte mit Ihren Kindern unter dem Segen Gottes tun. Das gibt Ihrem Leben und Ihrem Umgang mit den Kindern eine andere Qualität. Die Angst bleibt latent in Ihnen. Aber sie hat Sie nicht mehr im Griff. Sie bitten Gott nicht, dass er Ihnen die Angst nimmt. Vielmehr nehmen Sie die Angst als Einladung, sich unter den Segen Gottes zu stellen. So führt die Angst Sie zu einem vertrauensvollen Gebet und zum Vertrauen, dass die Fahrt gelingen wird.

*E*in Freund und Arbeitskollege hat mich vor einigen Jahren sehr bitter enttäuscht. Ich habe damals meine Frau bei einem Unfall verloren, und statt mir beizustehen, hat er meine Schwäche ausgenutzt, um mich bei unserem Chef schlechtzumachen und sich eine Beförderung zu sichern, die eigentlich mir zugestanden hätte. Seitdem habe ich ihm im Geheimen immer gewünscht, dass er selbst einmal ganz unten sein und leiden sollte. Dass er jetzt Krebs hat, ist doch eigentlich nur ausgleichende Gerechtigkeit, oder?

Muss ich wegen meiner Rachegefühle ein schlechtes Gewissen haben?

Es ist befreiend, jemand Segen zu wünschen.

Es war sicher unfair, dass Ihr Freund Ihre Schwäche nach dem Tod Ihrer Frau ausgenutzt hat. Dass Sie Rachegedanken hatten, ist verständlich. Allerdings wäre es wichtig, sich von diesen zu lösen und es Gott zu überlassen, wie er an den Menschen handelt. Sie brauchen aber nicht zu glauben, dass der Krebs dieses Kollegen durch Ihre Gedanken bewirkt worden ist. Sie sollen Ihre Rachegefühle Gott hinhalten und Gott um Vergebung bitten. Aber dann sollen Sie aufhören, sie sich weiterhin vorzuwerfen. Beten Sie für den Kollegen, dass Sie nicht wie er damals seine Schwäche ausnutzen, und wünschen Sie ihm im Gebet, dass Gott seine schützende Hand über ihn hält. Wenn Sie es fertigbrächten, ihn anzusprechen, wie es ihm mit seiner Krankheit geht, dann wäre das ganz bestimmt eine wunderbare Überwindung Ihrer Rachegedanken. Und es würde Sie selbst befreien, dass Sie ihm nichts Böses wünschen, sondern Segen.

*I*ch spüre, dass ich in letzter Zeit sehr gereizt bin. Ich reagiere immer mehr empfindlich auf Kritik.

Wie vermeide ich, dass Ärger zu einem Grundgefühl in mir wird?

Sprechen Sie mit Ihrem Ärger, anstatt sich über ihn zu ärgern. Fragen Sie ihn: Was willst du mir sagen? Wogegen wehre ich mich? Der Ärger zeigt ja oft, dass Sie Ihre Grenze nicht gut beachtet haben. Sie haben anderen zu viel Macht über sich gegeben. Sie haben Ihr Maß überschritten, in der Arbeit, im Engagement für andere. Der Ärger weist sie darauf hin, dass Sie besser für sich selber sorgen sollen. Fragen Sie sich, was Ihnen gut täte. Sie brauchen mehr inneren oder äußeren Abstand zu den Dingen, die Sie im Alltag beschäftigen. Spüren sie Ihre Grenze. Söhnen Sie sich damit aus, dass sie nicht unbegrenzt belastbar sind. Sind Sie dankbar, dass Ihre Seele mit Ärger reagiert. Es ist eine aktive Reaktion. Nur sollten Sie mit ihr auch aktiv umgehen. Den Ärger in sich hinein zu fressen, hilft nicht weiter. Werden Sie aktiv, indem sie mit den Menschen sprechen, über die Sie sich geärgert haben. Oder wenn Sie meinen, dass das nicht möglich ist, dann nutzen Sie den Ärger, um sich von den anderen zu distanzieren, sie gleichsam aus sich heraus zu werfen, ihnen keine Macht zu geben. Schützen Sie Ihre Wohnung und sagen Sie sich vor: Ich erteile dem oder der innerlich Hausverbot. Zu Hause denke ich nicht über ihn nach. So wichtig ist er nicht. Ich lasse mir meine innere Ruhe nicht stören.

Wenn der Ärger ein Grundgefühl geworden ist, dann fragen Sie sich, wogegen Sie rebellieren. Ist Ihre ganze Lebensweise momentan eigentlich gegen Ihre innere Überzeugung? Haben Sie sich in etwas hinein ziehen lassen, was Sie gar nicht wollen? Dann haben Sie Mut, Ihr Leben wieder so zu gestalten, dass es für Sie stimmt.

Söhnen Sie sich damit aus, dass sie nicht unbegrenzt belastbar sind.

*I*ch ärgere mich über meine Eifersucht. Ich spüre, dass ich meine Umgebung damit nerve.

Ich habe Angst, dass Eifersucht die Beziehung zu meinem Freund zerstört.

Zunächst dürfen Sie sich selbst nicht verurteilen wegen Ihrer Eifersucht. Vermutlich hat sie in irgendwelchen Verlusterfahrungen oder aber in Verletzungen ihre Ursache. Sprechen Sie mit Ihrer Eifersucht. Welche Bilder kommen da in Ihnen hoch? Oder mit welchen Überlegungen ist die Eifersucht verbunden? Malen Sie sich aus, wie Ihr Freund auf der Arbeit mit den Frauen umgeht, die mit ihm arbeiten? Oder vergleichen Sie sich selbst mit den anderen Frauen? Haben Sie Angst, dass Ihr Freund Ihnen eine andere Frau vorziehen könnte? Kritisieren Sie sich selbst wegen Ihres Aussehens? Wenn Sie mit Ihrer Eifersucht sprechen, dann können Sie erkennen, wo Sie ansetzen können. Wenn Sie Selbstzweifel haben, dass Sie nicht attraktiv genug sind, dann versuchen Sie, mit sich selbst in Einklang zu kommen: Ich bin so, wie ich bin. Ich darf so sein. Es geht nicht nur darum, gut auszusehen, sondern um mich als diese einmalige Person. Ich mit meinem ganzen Sein bin seine Freundin. Wenn er mich als Person schätzt, dann ist das andere nicht so wichtig. Nehmen Sie die Eifersucht als Einladung, dankbar zu sein für das, was Sie von Gott bekommen haben. Wenn Sie sich ständig ausmalen, wie Ihr Freund mit den Frauen bei der Arbeit umgeht, dann verbieten Sie sich diese Gedanken. Die führen nicht weiter. Und versuchen Sie, sich dann auf das einzulassen, was Sie gerade tun oder einfach sich im Atem oder im Leib zu spüren und dankbar für sich und für die Freundschaft zu sein.

Sprechen Sie mit Ihrer Eifersucht. Welche Bilder kommen da in Ihnen hoch?

*I*ch kann meine Sehnsucht nach Liebe fast nicht aushalten. Ich sehne mich danach, dass ein Mensch mich liebt. Aber ich erfahre diese Liebe nicht. Was soll ich tun? Soll ich die Sehnsucht unterdrücken?

Wenn ich meine Sehnsucht zulasse, dann spüre ich nur Traurigkeit.

Sehnsucht führt auf den Grund unserer Seele.

Lassen Sie Ihre Sehnsucht zu. Stellen Sie sich vor, dass dieser oder jener Mann oder Frau Sie liebt. Was bedeutet diese Liebe für Sie? Was löst sie in Ihnen aus? Sie kommen durch die Liebe des anderen mit sich selbst in Berührung. Sie spüren, dass Sie liebenswert und liebesfähig sind. Versuchen Sie, die Liebe, die in Ihnen ist, zu erahnen. Die Liebe des anderen bringt Sie in Berührung mit der Quelle der Liebe, die in Ihnen ist. Diese Liebe kann Ihnen niemand nehmen. In der Sehnsucht nach Liebe ist schon Liebe. Spüren Sie in der Sehnsucht nicht so sehr das, was Sie nicht haben, sondern das, was Ihre Seele in der Sehnsucht erlebt: Weite, Freiheit, Liebe, Frieden. Wenn Sie in der Sehnsucht nach Liebe schon die Liebe spüren, dann wird die Sehnsucht nicht mehr belastend. Dann erinnert Sie die Sehnsucht nicht an das, was Sie nicht haben, sondern sie führt Sie in den Grund Ihrer Seele. Und dort auf dem Grund Ihrer Seele ist alles, wonach Sie sich sehnen: Liebe, Geborgenheit, Frieden, Freiheit und Glück. Denn auf dem Grund Ihrer Seele finden Sie den, der Ihre Seele übersteigt: Gott. Er erfüllt unsere tiefste Sehnsucht. Er ist Friede, Liebe, Freiheit, Geborgenheit.

*M*eine Frau sagt mir oft: „Deine Ungeduld nervt mich. Komm doch endlich mal zur Ruhe!" Das Gefühl plagt mich, aber ich kann es nicht einfach ablegen.

Ich leide selber am meisten unter meiner Unruhe.

Fragen Sie sich, was Sie so unruhig macht. Nehmen Sie sich Zeit, in Ihre Ungeduld hinein zu horchen. Was für Bilder, welche Erinnerungen kommen da in mir hoch? Sind da bestimmte Lebensmuster erkennbar? Es hilft nicht, wenn Sie sich einfach vornehmen, geduldig oder ruhig zu sein. Die Ungeduld ist für Sie das Tor, durch das Sie gehen sollen, um sich selbst besser kennen zu lernen. Wenn Sie die tieferen Ursachen, dann können Sie überlegen: Was hilft mir, ruhiger zu werden? Der eine Weg geht über den Leib. Wenn Sie Unruhe in sich spüren, dann versuchen Sie, ganz ruhig zu atmen und sich im Leib zu spüren. Wenn Sie ganz bei sich sind, dann werden die anderen Dinge, die Sie beunruhigen, nicht mehr so wichtig sein. Ein anderer Weg wäre, sich dann, wenn

Gehen Sie freundlich mit Ihrer Ungeduld um.

Sie die Ungeduld in sich spüren, zu fragen: Warum bin ich jetzt so ungeduldig? Ist das, was mich unruhig macht, wirklich so wichtig? Kann ich es nicht auch gelassener sehen? Sie sollen nicht gegen die Ungeduld kämpfen, sondern freundlich mit ihr umgehen und sie immer wieder befragen. Im Gespräch mit ihr können Sie dann sagen: „Ja, da bist Du. Ich kenne Dich. Aber jetzt darfst du mal warten. Jetzt brauche ich dich nicht. Jetzt bin ich bei mir und genieße es, mich zu spüren und bei mir zu sein."

*I*mmer glaube ich, andere Menschen haben es besser oder schöner als ich. Ich weiß, dass es unsinnig ist und trotzdem überfällt es mich regelmäßig. Ich bemühe mich um Dankbarkeit und verfalle im Anschluss ins Gejammere, dass es jemand anderem besser geht oder ihm die Dinge leichter fallen als mir.

Wie begegne ich meinem Neid am besten?

Sie können dem Neid nicht verbieten, dass er zu Ihnen kommt. Auch der Neid hat einen Sinn. Sie sollen nicht gegen den Neid kämpfen, sondern mit ihm sprechen. Denken Sie sich den Neid zu Ende: Sie möchten so sein, wie diese Frau, die schöner ist als sie. Aber möchten Sie wirklich mit ihr tauschen? Wenn Sie sich diese Vorstellung erlauben, werden Sie auch in sich einiges entdecken, für das Sie dankbar sind. Ihnen geht es gerade nicht gut. Dann sind Sie neidisch auf den anderen, dem es gerade besser geht. Aber wissen Sie, wie es ihm wirklich geht?

Das ist die eine Richtung des Gesprächs, den Neid zu Ende zu denken und zugleich die Vorstellung in Frage zu stellen, die ihn ausgelöst hat. Ein anderer Weg ist, sich zu fragen: Wonach sehne ich mich? Der Neid zeigt mir meine Sehnsucht auf, die noch nicht erfüllt ist. Dann kann ich diese Sehnsucht zu Ende denken und letztlich auf Gott richten. Und der Neid will Sie einladen, sich mit sich und Ihren Grenzen auszusöhnen und dankbar zu sein für Ihre Einmaligkeit und Einzigartigkeit. Ihre Aufgabe ist es nicht, wie die anderen zu sein, sondern Sie selbst zu sein. Der Neid zeigt immer, dass Sie sich zu sehr von außen definieren und sich mit anderen vergleichen. Versuchen Sie das Vergleichen zu lassen und – wenn es doch hochkommt – sich davon zu sich und dem eigenen Herzen führen zu lassen. Dort in Ihrem Herzen finden Sie Frieden und alles, wonach Sie sich sehnen.

> Der Neid will Sie einladen, sich mit sich und Ihren Grenzen auszusöhnen und dankbar zu sein für Ihre Einmaligkeit und Einzigartigkeit.

*I*ch erlebe mich daheim in meiner Familie oft als reizbar und aufbrausend. Wenn ich nach einem stressigen Tag heimkomme, regt mich alles auf: wenn die Frau zu lange telefoniert und mir die Arbeit im Haushalt bleibt, oder wenn die Kinder Probleme machen. Ich kann mir nicht helfen.

Es tut mir selber leid, wenn ich so aggressiv werde.

Zwei Wege fallen mir ein. Der eine: Sie sollen sich bewusst machen: Wenn ich heimkomme, lasse ich den Ärger draußen. Ich nehme meine Arbeitskollegen nicht als Hausbesetzer mit nach Hause. Mein Haus gehört mir und meiner Familie. Nur wenn Sie die Tür der Arbeit schließen, kann sich die Tür der Familie auftun. Dann können Sie es genießen, in einen anderen Bereich einzutreten. Allerdings: Sie können da nicht Ihre Rolle als Chef der Firma mitnehmen. Sie spielen da die Rolle des Ehemannes und des Vaters.

Der zweite Weg: Sie sollten sich fragen: Was macht mich an der Frau aggressiv? Wo reagiere ich unangemessen bei den Kindern? Reden Sie mit Ihrer Aggression. Wenn es Sie ärgert, dass Ihre Frau zu lange telefoniert und Sie die Hausarbeit machen müssen, dann regeln Sie in aller Ruhe, wer was zu tun hat. Wenn es Ihrer Frau so wichtig ist, mit manchen länger zu telefonieren, dann können Sie es ihr gönnen, ohne dass Sie ihre Arbeit übernehmen. Dann haben Sie während ihrer Telefonate Zeit für sich selbst. Bei den Aggressionen Ihren Kindern gegenüber: Überlegen Sie, ob Sie manchmal zu hohe Erwartungen an die Kinder haben. Dann wäre es wichtig, immer wieder die Kinder in ihrer Begrenztheit anzunehmen. Es ist gut, wenn Sie Grenzen setzen. Aber je klarer und ruhiger Sie dabei bleiben, desto eher wird es fruchten. Wenn Sie explodieren, entsteht keine Klarheit, sondern eine Atmosphäre des Chaos, das bei nächster Gelegenheit wieder hochgehen kann. Je mehr Sie bei sich selbst sind, desto weniger lassen Sie sich von Ihrer Frau und Ihren Kindern aus Ihrer Mitte heraus reißen. Dann können Sie die Frau und die Kinder gelassen beobachten. Sie können sie lassen, wie sie sind, und entdecken vielleicht auch die Dankbarkeit, dass Sie diese Familie haben.

Es ist gut, wenn Sie Grenzen setzen. Aber je klarer und ruhiger Sie dabei bleiben, desto eher wird es fruchten.

Manche sprechen vom Ende der Welt, das kommen soll. Die Zeichen in der Welt sind ja wirklich auf vielen Ebenen bedrohlich. Was ist von solchen Weltuntergangspropheten halten?

Diese Meldungen
machen mir Angst.

Unsere Sprache verrät uns. Wer ständig vom Ende der Welt spricht, der ist mit seinen eigenen Möglichkeiten am Ende. Er projiziert seine katastrophale Seelenstimmung in die Außenwelt. Weil er keine Zukunft für sich sieht, weil in ihm alles zusammen gebrochen ist, muss er die Welt zusammen brechen lassen. Nehmen Sie diese Äußerungen also nicht als objektive Beschreibung der Welt, sondern als subjektive Beschreibung des eigenen Seelenzustandes. Schon Jesus hat sich gegen solche Unheilspropheten gewandt. Zum einen sagt er: „Gebt acht, dass euch niemand irreführt!" (Mk 13,5) Und vom Ende der Welt sagt er: „Jenen Tag und jene Stunde kennt niemand, auch nicht die Engel im Himmel, nicht einmal der Sohn, sondern nur der Vater." (Mk 13,32) Wir wissen, dass die Welt zu Ende geht. Aber diese Botschaft will uns einladen, jetzt im Augenblick wachsam und achtsam zu leben und das zu tun, was jetzt dran ist. Über den Zeitpunkt des Endes sollen wir uns keine Gedanken machen. Das sollen wir Gott überlassen. Unser Leben kommt mit dem Tod zu Ende. Dann ist für uns das Ende der Welt. Und mit diesem Ende müssen wir immer rechnen. Daher gilt es, aufzuwachen und achtsam unser Leben zu führen. Paulus mahnt uns im Blick auf das Ende: „Ihr alle seid Söhne des Lichts und Söhne des Tages. Wir gehören nicht der Nacht und nicht der Finsternis. Darum wollen wir nicht schlafen wie die anderen, sondern wach und nüchtern sein." (1 Thess 5,5f) Kümmern Sie sich also nicht um irgendwelche Prophezeiungen, sondern leben Sie wach und achtsam jetzt im Augenblick, im Bewusstsein, dass unser Leben im Tod zu Ende kommt, um in Gott neu zu werden.

Unser Tod ist für uns das Ende der Welt. Mit diesem Ende müssen wir immer rechnen – und wachsam leben, jetzt im Augenblick.

*I*ch bin bestimmt von einem tiefen Gefühl der Unsicherheit. Ich weiß nie, was eine richtige Entscheidung ist. Ich überlege immer noch, was besser sein könnte. Aber vor lauter Überlegungen und Angst komme ich überhaupt nicht weiter.

Wenn ich vor der Entscheidung stehe, gibt es in mir kein klares Gefühl, was richtig ist.

Wir können immer nur einen Teil unserer Möglichkeiten leben.

Es gibt keine absolut richtige Entscheidung. Sie müssen sich von dem Perfektionismus verabschieden, dass Sie alles ganz richtig entscheiden. Die Entscheidung ist immer relativ. Es gibt Hilfen, sich zu entscheiden. Einmal ist es gut, dass Sie Ihre Unklarheit Gott hinhalten und Gott fragen, was sein Wille ist. Gott wird nicht zu Ihnen sprechen. Aber wenn Sie Ihre Entscheidung Gott hinhalten, dann kann ein Gefühl in Ihnen entstehen, das Ihnen nahelegt, sich in diese oder jene Richtung zu entscheiden. Eine Hilfe kann auch sein, dass Sie zwei Tage mit der einen Entscheidung schwanger gehen und dann zwei Tage mit der anderen. Dann können Sie sich prüfen, wie es Ihnen jeweils damit ergangen ist. Jede Entscheidung für etwas ist immer eine Entscheidung gegen etwas anderes. Nur wenn Sie betrauern, dass Sie nur einen Teil der Möglichkeiten leben können, werden Sie frei, sich auf den Weg einzulassen, für den Sie sich entschieden haben. Dann kann auch das Vertrauen wachsen, dass Gott diesen Weg segnet, ganz gleich, welche Schwierigkeiten sich auf diesem Weg einstellen werden.

*I*ch leide unter meinem Jähzorn. Wenn ich nach der Arbeit heimkomme und es mich etwas bei den Kindern oder bei meiner Frau stört, reagiere ich oft jähzornig. Auch gegenüber Arbeitskollegen reagiere ich oft so. Ich habe mich dann nicht mehr in der Hand. Das macht mir Angst.

Wie kann ich vom Jähzorn frei werden?

Der erste Schritt ist, sich in den Jähzorn hinein zu spüren und sich mit ihm vertraut zu machen. Was bringt mich so schnell „auf 180"? Ein verletzendes Wort? Die Angst, dass das Leben so ganz anders geht, als ich mir das vorgestellt habe? Welche Gefühle werden da in mir angesprochen? Erinnere ich mich an die Situation, in der der Jähzorn das erste Mal aufgetaucht ist? Ein Mann, der auch an seinem Jähzorn litt, erzählte mir, das erste Mal habe er mit neun Jahren jähzornig reagiert. Er hatte damals leidenschaftlich gerne Steine gesammelt und sie mit seiner Zahnbürste gereinigt und auf seinem Schreibtisch aufgestellt. Als er von der Schule heimkam, hatte seine Mutter sie alle in die Mülltonne geworfen. Darauf hin habe ihn der Jähzorn gepackt. Als ich mit ihm diesen Jähzorn angeschaut habe, wurde ihm klar, dass er ein Protest war: „Trample doch nicht so auf meinen Gefühlen herum!" Seine Gefühle, die er in die Sammlung seiner Steine gesteckt hatte, wurden missachtet. Vielleicht können Sie bei Ihrem Jähzorn Ähnliches entdecken. Dann nehmen Sie den Jähzorn als Einladung, sich selbst und Ihre Gefühle ernst zu nehmen.

> Wir sollten unsere Gefühle nie missachten.

*B*ei allem, was ich tue, bewerte ich mich selber. Wenn ich mit einem Menschen gesprochen habe, schäme ich mich nachher, dass ich soviel geredet habe. Das führt zu einer tiefen Unzufriedenheit. Ich weiß, dass dieses Bewerten aus meiner Kindheit kommt. Alles an mir wurde kritisiert. Was kann mir in meiner Situation heute helfen?

Ich komme nicht los von diesem ständigen Bewerten.

Der erste Schritt ist: den Schmerz nochmals zuzulassen, dass Sie als Kind ständig bewertet worden sind. Der zweite Schritt ist die Wut: Sie müssen die, die Sie bewertet haben, aus sich heraus werfen. Sagen Sie sich: „Das Bewerten war euer Problem. Ich gebe euch aber keine Macht mehr. Ich kann selber leben. Ich vertraue mir selbst." Der dritte Schritt zielt auf die Gegenwart. Auch wenn Sie die Ursache Ihres Bewertens erkannt und sich emotional damit beschäftigt haben, wird dieses Muster trotzdem immer wieder nach Ihnen greifen. Wenn Sie merken, dass Sie sich bewerten, dann sagen Sie sich: „Ja, ich bin jetzt wieder dabei zu bewerten. Ich kenne Dich, Du Bewertungsmuster. Aber jetzt folge ich Dir nicht. Ich lasse das Gespräch, wie es war. Ich lasse mich, wie ich bin. Es ist so, wie es ist – ohne Wertung." Natürlich haben Sie ja auch die Sehnsucht, dass Sie weiter kommen, dass Sie beim nächsten Gespräch achtsamer sind. Aber Sie können nur ändern, was Sie angenommen haben. Nur wenn Sie aufhören, das Gespräch zu werten und sich selbst zu beschimpfen, wenn es nicht nach Ihren Vorstellungen gelaufen ist, können

Sie das nächste Mal offener und acht- samer ins Gespräch gehen, ohne sich zu verkrampfen. Und wenn es wieder

Ich muss nicht perfekt sein.
Ich darf so sein, wie ich bin.
Und das ist gut so.

nicht so gelingt, wie Sie es sich vorstellen, dann lassen Sie es einfach stehen. Es war jetzt für diesen Augenblick gut. Und es darf so sein. Nicht jedes Gespräch muss perfekt sein. Ich darf so sein, wie ich bin. Ich muss nicht die perfekte Rednerin sein. Ich sage das, was mich gerade beschäftigt. Und das ist gut so.

*I*ch habe Angst, Fehler zu machen. Wenn ich als Kind einen Fehler gemacht habe, wurde ich bestraft und beschämt. Auch wenn die anderen gar nicht merken, dass ich einen Fehler mache, schäme ich mich. Diese Scham lähmt mich und führt dazu, dass ich mich nicht mehr konzentrieren kann und dann erst recht Fehler mache.

Die Scham führt mich in einen Teufelskreis.

Es ist gut, sich nochmals in diese Scham hinein zu spüren, die Sie als Kind hatten, wenn Sie bestraft und beschämt worden sind. Sie sollten sich dann eingestehen: „Das war unfair, mich so zu beschämen. Aber ich bin ich. Ich gebe euch nicht die Macht, dass ich eure Beschämungsstrategie jetzt weiter führe. Ich will mich nicht mehr selbst beschämen. Ich gehe anders mit den Fehlern um. Ich erlaube sie mir. Ich muss nicht perfekt sein." Wenn Sie behutsam und milde mit sich und Ihren Fehlern umgehen, können Sie auch überlegen, was Ihnen hilft, von zu häufigen Fehlern loszukommen. Dabei ist es eine Hilfe, einfach die Situationen anzuschauen, in denen Sie am häufigsten Fehler machen. Sind es Situationen, in denen Sie unter Stress stehen? Oder, in denen Sie sich von anderen beobachtet fühlen? Geschehen die Fehler am Anfang der Arbeitszeit oder am Schluss, wenn Sie nicht mehr konzentriert sind? Gibt es bestimmte Aufgaben, die Sie nicht so gerne ausführen und bei denen Sie leichter Fehler machen? Wenn Sie Ihre Fehler so anschauen, ohne sich dafür zu beschämen und ohne sie zu bewerten, können Sie sich auch fragen: Was hilft mir, diesen oder jenen Fehler zu vermeiden? Was hilft mir, achtsamer zu sein? Sie werden weiterhin Fehler machen. Es gibt kein Leben ohne Fehler. Aber trotzdem können Sie daran arbeiten, weniger Fehler zu machen. Vor allem aber sollten Sie Ihre Einstellung ändern. Wenn Sie die Situation liebevoll und mit Humor anschauen, werden die Fehler nicht mehr so viel Macht über Sie gewinnen. Dann kommen Sie leichter von ihnen los. Wenn Sie alle Energie gegen die Fehler richten, werden sie häufiger. Wenn Sie die Fehler gelassen anschauen, können Sie sie irgendwann auch lassen.

*I*ch bin ständig unzufrieden mit mir. Es ist schon fast zur Haltung geworden.

Wie komme ich davon los, mir keine Fehler zu verzeihen?

Die erste Frage ist: Warum sind Sie unzufrieden mit sich? Offensichtlich haben Sie Erwartungen an sich selbst, die Sie nicht erfüllen können. So wäre der erste Weg, sich von übertriebenen Erwartungen zu verabschieden. Söhnen Sie sich aus mit Ihrer Durchschnittlichkeit, mit Ihren Grenzen. Dann werden Sie auch all das Positive sehen, das Gott Ihnen geschenkt hat. Der zweite Schritt: verzichten Sie darauf, sich mit anderen zu vergleichen. Vielleicht ist gerade das Sichvergleichen der Grund, warum Sie mit sich unzufrieden sind. Solange wir uns mit anderen vergleichen, entdecken wir immer genügend, was andere haben und was uns fehlt. Sie können natürlich das Vergleichen nicht einfach abstellen. Es wird immer wieder in Ihnen auftauchen. Aber wenn Sie es merken, dann versuchen Sie einfach, bei sich zu bleiben. Legen Sie Ihre beiden Hände in die Brustmitte und spüren Sie sich selbst. Spüren Sie die Wärme in Ihrer Brust. Und beobachten Sie, welche Bilder in Ihnen auftauchen. Trauen Sie der Sehnsucht, die in Ihnen auftaucht. In der Sehnsucht nach innerem Frieden ist schon Frieden. In der Sehnsucht nach Glück ist schon Glück. Wenn Sie mit sich selbst in Berührung kommen, werden Sie unabhängig von den anderen. Und dann kommen Sie leichter in Frieden mit sich selbst. Wenn Sie sich beim Vergleichen ertappen, dann nehmen Sie es immer als Freund, der Sie auf sich selbst hinweisen möchte, auf all das, was Sie ausmacht, auf Ihre Einmaligkeit und Einzigartigkeit, auf die Gaben, die Gott Ihnen geschenkt hat. Der dritte Schritt: sich selbst zu verzeihen. Auch da ist die erste Voraussetzung, sich von der Illusion zu verabschieden, als ob Sie fehlerlos und perfekt durchs Leben gehen könnten. Wir machen Fehler, wir entsprechen in unserem Verhalten nicht immer den eigenen Erwartungen. Wir müssen uns aussöhnen mit unserer Fehlerhaftigkeit. Der vierte Schritt ist: an die Vergebung Gottes glauben. Wenn ich glaube, dass Gott mich so annimmt, wie ich bin, vermag auch ich mich eher anzunehmen, auch mit meinen Fehlern. Der fünfte Schritt: sich liebevoll diesem inneren Kind zuwenden, das perfekt sein möchte und es nicht ist. Wenn ich es liebevoll in den Arm nehme, dann hört es auf, sich ständig Vorwürfe zu machen. Der sechste Schritt: sich von dem unbarmherzigen inneren Richter zu verabschieden, der uns immer anklagt und nie zufrieden ist mit uns. Dieser sechste Schritt gelingt aber nur, wenn ich an die Barmherzigkeit Gottes glaube und mit mir selbst barmherzig bin.

> Wenn ich glaube, dass Gott mich so annimmt, wie ich bin, vermag auch ich mich eher anzunehmen, auch mit meinen Fehlern.

*I*ch habe Angst vor allem Neuen. Ich mache mir ständig Gedanken, was da alles passieren könnte, wenn ich einen neuen Arbeitsplatz antrete, wenn ich in eine andere Stadt umziehe. Ich habe auch Angst, wenn mein Kind in die Schule kommt oder eine Lehrstelle antritt. Ich male mir aus, was alles schief gehen könnte. Diese Angst lähmt mich, etwas Neues anzufangen. Aber ich spüre, dass ich mit dem, was ist, auch nicht zufrieden bin.

Dass mein Leben stagniert, macht mir immer mehr Angst.

Sie sind nicht allein mit dieser Angst vor dem Neuen. Es geht vielen Menschen so. Aber jede Angst hat einen Grund und einen Sinn. Zunächst ist es gut, nach dem Grund zu fragen. Vielleicht haben Sie als Kind das Neue eher als etwas Negatives erlebt. Oder aber Sie haben Angst vor dem Neuen, weil Ihnen das Alte Sicherheit bietet. Da kennen Sie sich aus. In unbekanntes Terrain vorzustoßen, das macht Ihnen Angst. Dann sollten Sie nach dem Sinn der Angst fragen. Diesen Sinn werden Sie nur entdecken, wenn Sie mit der Angst sprechen und so die Angst konkretisieren: Was könnte denn Schlimmes passieren? Sie können sich fragen, woher diese Angst kommt. Vielleicht hat sie wirklich in einer schwierigen Geburt ihre Ursache. Vielleicht haben Sie aber auch schlechte Erfahrungen gemacht mit neuen Anfängen. Sie waren nicht gut vorbereitet. Und so ist etwas schief gegangen. Das Wissen um die Ursachen löst jedoch die Angst nicht auf. Es ist nur eine Hilfe, sich selbst zu verstehen, anstatt sich zu verurteilen.

Wenn Sie aber keine Ursache finden, dann grübeln Sie nicht weiter. Es ist nicht unbedingt wichtig, die Ursache der Angst zu erkennen. Wichtiger ist, wie Sie hier und jetzt mit der Angst umgehen. Malen Sie sich aus, was alles passieren könnte, wenn Sie etwa in eine neue Wohnung ziehen. Die Mieter über Ihnen könnten Sie mit ihrem Lärm stören. Sie könnten in dieser Wohnung nicht so gut schlafen. Sie würden keine neuen Kontakte finden und sich allein fühlen. Stellen Sie sich all das vor – und dann überlegen Sie, wie Sie darauf reagieren könnten. Sie sich ja all diesem Neuen nicht hilflos ausgeliefert. Sie können die anderen Mieter in Ihrem Haus besuchen und sich ihnen vorstellen.
Dann werden da neue Beziehungen entstehen. Und wenn eine gute Beziehung entstanden ist, kann man auch Konflikte besser lösen. Ob Sie sich wohl fühlen oder nicht, hängt nicht nur von der Wohnung ab, sondern auch davon, ob Sie sich ganz auf das Neue einlassen.

> Das Leben ist immer in Bewegung. Versuchen Sie, sich mit dieser Bewegung anzufreunden. Das Neue muss nicht immer schlechter sein.

Verurteilen Sie sich also nicht wegen Ihrer Angst. Geben Sie sie ruhig zu: Ja, ich habe Angst vor dem Neuen. Und dann bitten Sie Gott, dass er das Neue segnet und dass er Ihnen die Kraft und den Mut schenkt, das Neue anzunehmen und es zu formen, so dass es für Sie eine Chance wird. Und söhnen Sie sich aus mit Ihrem Leben, das nie Stillstand ist. Sie können nie festhalten, was Sie gerade leben. Das Leben ist immer in Bewegung. Versuchen Sie, sich mit dieser Bewegung anzufreunden. Sie kann ja auch etwas in Ihnen in Bewegung bringen und Ihnen neue Möglichkeiten eröffnen. Das Neue muss nicht immer schlechter sein. Es ist auch die Chance, dass Sie mehr und mehr Sie selber werden. Vielleicht ist die Angst vor dem Neuen Ausdruck dafür, dass Sie noch nicht richtig leben und sich deshalb an dem Teil, den Sie leben, festklammern möchten. Dann wäre die Angst die Einladung, sich auf die Fülle des Lebens einzulassen, die Gott Ihnen zutraut.

Wenn Sie Ihre Angst Gott hinhalten, anstatt sich dafür zu verurteilen, dann wird Ihnen im Gebet auch einfallen, wie Sie auf etwaige Vorkommnisse reagieren können. Bitten Sie Gott, dass er Ihren Neuanfang segnen möge. Im neuen Anfang liegt ja auch eine Chance, dass sich Neues in Ihnen regt, dass Sie in sich selbst eine Neugeburt erfahren.

*U*nser Nachbar hat sich ein großes Auto gekauft und damit angegeben. Jetzt hat er einen Unfall damit gehabt und es zu Schrott gefahren. Meine erste, spontane Reaktion war Schadenfreude über ihn, dass ihm das passiert ist. Dann habe ich mir deswegen Vorwürfe gemacht, denn das ist sicher nicht die Gesinnung Jesu.

Ist Schadenfreude nicht natürlich?

Sicher entspricht die Schadenfreude nicht der Gesinnung Jesu. Aber dass dieses Gefühl in Ihnen hochkam, dafür können Sie nichts. Es ist sogar normal, dass Sie Schadenfreude empfinden. Denn der Nachbar hat Sie provoziert durch sein arrogantes Verhalten. Dieses Verhalten ist jetzt vermutlich in ihm zusammengebrochen. Und darüber dürfen Sie sich freuen, dass er durch den Unfall gelernt hat. Sie sollen aber zugleich dankbar sein, dass ihm persönlich nichts passiert ist. Damit Sie die Schadenfreude mit Ihrer christlichen Gesinnung vereinbaren können, sollten Sie in der Schadenfreude zugleich für den anderen beten, dass dieses Widerfahrnis ihn selber wachrüttelt; und dass Gott ihn segnen möge, damit er inneren Frieden findet. Dann braucht er dieses arrogante Verhalten nicht mehr. Und das tut ihm letztlich selber gut, denn dann wird er auch beliebter bei seinen Mitmenschen.

> Es ist normal, dass Sie Schadenfreude empfinden. Aber Sie müssen dabei nicht stehen bleiben.

*A*ls kleines Kind konnte ich machen, was ich wollte, mein Vater hat immer mit Schlägen reagiert. Es brauchte am Tisch nur ein Glas umfallen, sofort gab es Schläge. Alle natürliche Vitalität ist aus mir heraus geprügelt worden.

Können die Verletzungen der Kindheit je wieder heil werden?

Es ist hart, wenn die Erinnerungen an die frühe Kindheit nur durch Bilder der Gewalt und der Willkür und der Angst geprägt sind. Da ist es schwer, Vertrauen ins Leben zu finden. Alles erscheint zunächst einmal bedrohlich. Was sich in der frühen Kindheit eingeprägt hat, das ist als Muster in Ihre Seele eingegraben. Aber dennoch vermochte diese gewalttätige Kraft Ihres Vaters Sie nicht zerstören. Immerhin haben Sie überlebt. Versuchen Sie, dieses kleine Kind, das so zerschlagen wurde, Gott hinzuhalten, dass der mütterliche und väterliche Gott es in seine Arme nimmt und es schützt vor der Willkür der Menschen. Und wenden Sie sich selbst diesem Kind zu. Sie sind nicht nur das verängstigte Kind. Sie sind auch erwachsen.

Stellen Sie sich vor, dass Sie als erwachsene Frau dieses Kind trösten, ihm Sicherheit in Ihren Armen schenken. Sie haben in sich auch die Kraft, das Kind in Ihnen zu schützen und es zu streicheln, dass es wieder Vertrauen ins Leben fasst. Die alten Wunden und Ängste werden immer wieder in Ihnen hochkommen. Aber lassen Sie sich von diesen Ängsten daran erinnern, nun selbst liebevoll mit dem einsamen, verunsicherten und bedrohten Kind umzugehen und es in Ihre liebenden

Arme zu bergen. Und stellen Sie sich vor, dass es in Ihnen einen inneren Raum gibt, zu dem die Schläge nicht vordringen konnten. Ihr inneres Selbst ist von den Schlägen unberührt.

Sie sind nicht nur das verängstigte Kind. Sie sind auch erwachsen.

8. SCHMERZ, KRANKHEIT, TOD –
Erfahrungen an der Grenze

Jeder Mensch wird mit Krankheit konfrontiert, mit seiner eigenen oder mit der Krankheit lieber Menschen in seiner Umgebung. Jede Krankheit verunsichert uns. Sie stellt unser Leben in Frage und lässt uns die eigene Endlichkeit erfahren. Sie zwingt uns, darüber nachzudenken, was wir mit unserem Leben eigentlich wollen, welche Spur wir eingraben möchten in diese Welt, was wir den Menschen in unserer Nähe vermitteln möchten.

Und alle begegnen wir immer wieder dem Thema des Todes, vor allem dann, wenn ein lieber Mensch in unserer Nähe stirbt. Unverständlich wird der Tod, wenn ein junger Mensch früh stirbt, durch Krebs, durch Herzinfarkt oder durch Suizid. Bei jedem Tod eines geliebten Menschen tauchen Schuldgefühle auf: Was habe ich versäumt? Warum habe ich ihm das oder jenes nicht gesagt? Warum war ich manchmal so wenig sensibel ihm gegenüber. Warum konnte ich keinen Abschied nehmen? Wir können die Schuldgefühle nicht zum Schweigen bringen. Wir sollen uns weder beschuldigen noch entschuldigen, sondern die Schuldgefühle in die vergebende Barmherzigkeit Gottes halten. Dann kommen sie zur Ruhe. Und wir sollten uns vorstellen, dass der Verstorbene uns keine Vorwürfe macht. Er ist jetzt im Frieden bei Gott. Er möchte nicht, dass wir uns seinetwegen Vorwürfe machen. Er lädt uns vielmehr ein, mit ihm eine neue Beziehung zu entwickeln. Durch den Tod wird der Mensch in das einmalige Bild verwandelt, das Gott sich bei seiner Geburt von ihm gemacht hat. Während des Lebens konnte er dieses Bild nicht so klar und deutlich darstellen, wie es von Gott her gemeint war. Aber im Tod wird dieses reine und ursprüngliche und unverfälschte Bild sichtbar. Auf dieses Bild sollten wir schauen. Unter diesem Blick verstummen unsere Schuldgefühle. Und wir sollten uns vom Verstorbenen mahnen lassen, an den eigenen Tod zu denken. Der Gedanke an das eigene Sterben möchte unser Leben intensivieren. Wenn mein Leben endlich ist, dann möchte ich diesen Augenblick bewusst leben. Ich weiß nicht, wie lange Zeit mir Gott schenkt. Aber jetzt lebe ich. Und jetzt möchte ich bewusst leben und meine ganz persönliche Spur eingraben in diese Welt.

Mein Sohn hat sich das Leben genommen. Er fehlt mir so. Der Schmerz überwältigt mich immer wieder. Vor allem aber mache ich mir ständig Vorwürfe: Was habe ich falsch gemacht? Wo bin ich schuldig geworden an ihm? Ich komme einfach nicht mehr zur Ruhe.

Gott hat mich und meinen Sohn nicht vor dem Suizid bewahrt.

Die Trauer um den Sohn wird Sie noch lange begleiten. Sie können diesen Schmerz nicht überspringen. Es tut weh, wenn Sie daran denken, dass sein Leben so abgeschnitten wurde. Aber Sie sollen sich weder beschuldigen noch entschuldigen. Es ist so, wie es ist. Der Suizid – gerade eines jungen Menschen – ist immer ein Rätsel. Wenn die Tendenz dazu in einem jungen Menschen ist, können wir ihn auch mit noch so viel Achtsamkeit nicht verhindern. Vertrauen Sie darauf, dass dieser Weg – auch wenn wir den Suizid nicht gutheißen – Ihren Sohn in Gottes barmherzige Arme hineingeführt hat. Und dann fragen Sie Ihren Sohn: „Was wolltest du leben und konntest es nicht? Was war deine tiefste Sehnsucht? Was hat dich daran gehindert, sie hier in dieser Welt zu leben? Was willst du mir mit deinem Leben und mit deinem Sterben sagen? Welche Antwort auf dein Leben erwartest du von mir? Wie soll ich leben, damit das, was du in deinem Leben verkörpert hast, auf gute Weise in dieser Welt weitergeht?" Wenn Sie Ihrem Sohn auf sein Leben und Sterben Ihre ganz persönliche Antwort geben, eröffnen Sie sich selbst und Ihrem Sohn auch in dieser Welt eine Zukunft.

*I*ch habe chronische Schmerzen, die – so die medizinische Abklärung – vermutlich von früheren Operationen herrühren, in deren Folge sich etwas in meinem Bauchbereich verwachsen hat. Alle Nachoperationen haben keine Besserung gebracht. Auch Schmerzmittel haben bisher wenig geholfen. Der Arzt sagt, das seien chronische Schmerzen, gegen die man nichts machen könne.

Gibt es psychologische oder spirituelle Wege, um mit den Dauerschmerzen umzugehen?

Es ist sicher nicht einfach, mit chronischen Schmerzen umzugehen. Denn bei allen spirituellen oder therapeutischen Methoden, die wir praktizieren, haben wir immer die geheime Hoffnung, dass die Schmerzen damit endlich weggehen. Viele spirituelle Autoren sagen, wir sollten den Schmerz loslassen. Aber wenn ich den Schmerz bewusst loslassen will, bin ich doch fixiert – auf den Schmerz und auf ein bestimmtes Erleben, das ich durch das Loslassen bewirken möchte. Wir sollen also nicht den Schmerz loslassen, sondern den Drang, ihn kontrollieren zu wollen. Wenn wir dem Schmerz ein Bleiberecht einräumen, solange er will, nehmen wir dem Schmerz seine Macht. Wir freunden uns mit ihm an und fragen ihn, was er uns sagen möchte. Vielleicht weist mich der Schmerz auf meine menschliche Begrenztheit hin. Es ist nicht selbstverständlich, gesund zu sein, ohne Schmerzen zu sein. Oder der Schmerz lädt mich ein, vom Schmerz in die Tiefe hinabzusteigen, in den Ort der Stille, zu dem der Schmerz keinen Zutritt hat. Das ist nicht so einfach. Denn wir haben –

Wir sollen nicht den Schmerz loslassen, sondern den Drang, ihn kontrollieren zu wollen.

z. B. bei heftigen Zahnschmerzen – den Eindruck, dass wir nur noch Schmerz sind, dass der Schmerz alle Bereiche unseres Leibes und unserer Seele bestimmt. Wir können durch den Schmerz hindurch nur dann in den inneren Raum der Stille gelangen, wenn wir liebevoll mit ihm umgehen. Der Schmerz verweist mich darauf, dass ich auf Gottes Hilfe angewiesen bin. Er erinnert mich täglich an meine Sehnsucht, in Gott meine Ruhe zu finden, in Gott heil zu werden.

*I*n letzter Zeit leide ich immer wieder an Erkältungen. Ich habe den Eindruck, dass sie gar nicht weg gehen. Das macht mich unruhig. Ist mein Immunsystem so schwach geworden oder stecken tiefere Krankheiten in mir? Soll ich in meinem Leben ändern?

Was wollen mir die Erkrankungen sagen?

Sie haben selbst schon die richtige Frage gestellt: Was will mir die Erkältung sagen? Wenn Sie diese Frage stellen, so wird die Antwort nicht sofort klar sein. Aber fühlen Sie einfach in sich hinein: Wie geht es mir? Bin ich zufrieden mit meinem Leben? Wo bin ich enttäuscht von mir selbst, von meiner Familie, von meiner Firma, von meinem Freundeskreis? Habe ich Kränkungen, die ich von anderen erfahren habe, einfach weggesteckt? Habe ich mich überfordert? Habe ich das Gefühl, dass ich von außen bestimmt werde? Sie sollten weniger nach den Ursachen der Erkältungen fragen, sondern nach der Botschaft, die sie Ihnen geben. Wo sollte ich besser für mich sorgen? Womit müsste ich mich aussöhnen? Oder was sollte ich in meinem Leben ändern? Wogegen rebelliert mein Leib? Die Erkältungen zwingen Sie, mit sich und Ihrem Leib in Berührung zu kommen. Horchen Sie in den Leib hinein. Gehen Sie liebevoll mit sich und ihrem Leib um. Die Erkältung beginnt ja oft im Hals. Der Hals ist ein sehr empfindlicher Bereich. Im Hals steckt oft ein Kloß, weil wir zuviel herunter geschluckt haben. Der Hals ist auch der liebesbedürftigste Teil des Menschen. Nicht umsonst kraulen wir einen Hund am Hals und auch einen Menschen umarmen wir am Hals. Vielleicht sind Sie zu wenig liebevoll mit sich umgegangen? Vielleicht sehnen Sie sich auch nach Liebe und haben das Gefühl, dass die Umgebung um Sie herum immer kälter wird. Dann fragen Sie sich, wie Sie liebevoller mit sich umgehen können und wo Sie Orte der Geborgenheit finden, an denen Sie ganz daheim sind, im Einklang mit sich selbst. Ärgern Sie sich nicht über Ihre Erkältungen. Denn der Ärger schwächt Ihr Immunsystem noch mehr. Nehmen Sie vielmehr die Botschaft an. Seien Sie dankbar, dass Ihr Leib reagiert und Ihnen sagen möchte: Ich muss für mich selber besser sorgen.

Seien Sie dankbar, dass Ihr Leib reagiert und Ihnen sagen möchte: Ich muss für mich selber besser sorgen.

Meine Tochter ist magersüchtig. Alle Bemühungen des Arztes, auch ein längerer Aufenthalt in einer Spezialklinik hat bisher nichts genutzt. Ich fühle mich völlig hilflos. Was haben wir als Eltern nur falsch gemacht? Was können wir jetzt noch tun? Wir haben schon alles versucht, was uns der Arzt geraten hat. Wir sind ganz verzweifelt.

Sind wir an ihrer Krankheit schuld?

Es ist nicht so einfach, die Magersucht zu heilen. Da brauchen Sie zunächst einmal den Engel der Geduld und der Hoffnung, der niemals aufgibt und auf das hofft, was er nicht sieht. Es hat wenig Sinn, dass Sie sich selbst Vorwürfe machen und überlegen, was Sie alles verkehrt gemacht haben. Das schwächt Sie nur Ihrer Tochter gegenüber. Sicher läuft nicht alles in der Erziehung optimal. Aber das ist noch kein Grund, magersüchtig zu werden. Sucht ist immer verdrängte Sehnsucht. Hinter der Magersucht stehen verschiedene Sehnsüchte. Da ist einmal die Sehnsucht, schlank zu sein, dem heutigen Bild einer schönen und schlanken Frau zu genügen. Doch wenn jemand wirklich magersüchtig ist, wird er zum Skelett abmagern. Dann ist das Schlanke nicht mehr schön, sondern eher abstoßend. Eine andere Sehnsucht steckt in der Magersucht. Es ist die Sehnsucht, über sein Leben die Kontrolle zu haben. Eine junge magersüchtige Frau sagte mir, die Magersucht sei das einzige Mittel, das sie in der Hand habe, über das sie Macht habe. Es war wie ein Zwang, dieses Mittel nicht aus der Hand zu geben, obwohl sie wusste, dass sie damit ihren Eltern großen Kummer bereitete. Hinter der Magersucht steckt oft die Angst, die Kontrolle zu verlieren und maßlos zu essen. So steckt hinter der Magersucht letztlich die Sehnsucht nach

Es hat wenig Sinn, dass Sie sich ständig überlegen, was Sie alles verkehrt gemacht haben.

dem Leben, das ich selber lebe, anstatt von anderen bestimmt zu werden.

Was Sie als Eltern tun können, ist, mit Ihrer Tochter über ihre Sehnsüchte zu reden. Sie sollen ihr keine Vorwürfe machen, sondern einfach nur fragen, was sie davon abhält, wie sie sich dabei fühlt, was ihre tiefste Sehnsucht ist. Und dann können Sie mit ihr darüber reden, wie sie ihre Sehnsucht auf gesündere Weise erfüllen kann. Letztlich kann die Sehnsucht nach Leben, nach Freiheit hier nie ganz erfüllt werden. Die vermag nur Gott zu erfüllen. Der zweite Schritt ist, mit der Tochter auszumachen, was ihr konkret helfen könnte. Statt sie immer wieder zu ermahnen, dass sie mehr isst, wäre es besser, ein konkretes Essprogramm mit ihr zu vereinbaren. Sie sollen als Eltern dieses Programm nicht kontrollieren, sondern der Tochter helfen, das Übungsprogramm einzuhalten. Bei allen Rückschlägen dürfen Sie die Hoffnung nie aufgeben und Ihre Tochter nie fallen lassen.

*I*ch habe im Magen-Darm-Bereich chronische Schmerzen. Wenn die Ärzte sagen, ich müsse einfach damit leben, hilft mir das wenig. Manchmal habe ich Angst, verrückt zu werden vor lauter Schmerzen.

Wie soll ich bloß mit den ständigen Schmerzen umgehen?

Ich kann Ihnen leider auch nicht die Ursache Ihrer Schmerzen angeben. Ich würde mit den Schmerzen sprechen. Was wollen sie mir sagen? Gibt es Beziehungen, die mir auf den Magen schlagen? Oder haben sich seelische Konflikte, die zu stark für mich sind, im Körper nieder geschlagen? Wenn ich solche Fragen stelle, dann sage ich nicht, dass die Schmerzen psychisch bedingt sind. Sie sind reale Schmerzen. Aber es liegt an uns, wie wir darauf reagieren. Die „Botschaft" der Schmerzen bezieht sich aber nicht nur auf die Ursachen, sondern vielmehr darauf, wie ich heute auf meine Schmerzen antworten soll. Sie erinnern mich, dass ich ganz und gar Mensch bin, dass ich etwas wahrnehme bei mir und in meiner Umgebung, das mir Schmerzen bereitet, das nicht meinen Vorstellungen vom Leben entspricht. Und die Schmerzen laden mich ein, mich mit ihnen auszusöhnen und sie zugleich loszulassen. Sie wollen mich in den inneren Raum meiner Seele führen, zu dem die Schmerzen keinen Zutritt haben. Wer bin ich? Was ist mein innerstes Selbst? Bin ich nur die Frau, die Schmerzen hat? Oder was ist mein wahres Wesen? Der Schmerz möchte Sie einladen, immer mehr mit Ihrem wahren Selbst in Berührung zu

kommen. Davon gehen die Schmer-
zen nicht einfach weg. Aber sie wer-
den relativiert. Sie verlieren ihre
Dominanz. Die Schmerzen erinnern
Sie an Ihr wahres Selbst und an Gott, in dessen Händen
Sie sich mit Ihren Schmerzen bergen dürfen.

Auch das ist eine „Botschaft"
der Schmerzen: Sie erinnern
mich, dass ich ganz und gar
Mensch bin.

Wegen einer Depression bin ich derzeit in psychiatrischer Behandlung.

Könnte auch geistliche Begleitung helfen?

Ihr Weg zu Gott geht nicht an Ihrer Depression vorbei, sondern durch sie hindurch.

Psychiatrische Hilfe ist sicher gut. Doch genauso wichtig ist, dass wir die Depression in unseren spirituellen Weg integrieren. Fragen Sie sich, was Gott Ihnen durch die Depression sagen möchte. Ihr Weg zu Gott geht nicht an Ihrer Depression vorbei, sondern durch sie hindurch. Manchmal sagt uns die Depression, dass wir zu hohe Erwartungen an uns haben. Dann will Gott Sie einladen, sich mit Ihren Grenzen auszusöhnen. Die Depression zeigt, dass das Leben nicht immer nur glatt und oberflächlich ist. Sie führt Sie in die Tiefe. Es ist gut, dass Sie sich eine geistliche Begleitung suchen. Wenden Sie sich entweder an ein Kloster in Ihrer Umgebung und fragen dort nach, ob Sie ein Pater oder eine Schwester begleiten kann. Oder fragen Sie im Ordinariat nach, in der Stelle für Seelsorge. Dort wird man ihnen weiterhelfen können.

Mein Sohn ist depressiv. Er traut sich nicht mehr unter die Menschen. Er hat keinen Antrieb.

Wie kann ich meinem kranken Kind helfen?

Zunächst sprechen Sie mit Ihrem Sohn. Was lähmt ihn so? Wie fühlt sich die Depression an? Vermitteln Sie ihm, dass die Depression sein darf. Er muss sich mit ihr aussöhnen. Und dann kann er die Schritte überlegen, die ihm helfen. Der erste Schritt wäre der zu einem Arzt oder zu einem Psychologen. Dann sollte er sich klare Rituale verordnen: immer die gleiche Zeit, wann er aufsteht. Nach der Dusche sollte er ein paar Gebärden machen. Und er sollte den Tag gut strukturieren. Wenn die Seele nicht in Ordnung ist, braucht sie eine äußere Ordnung. Er sollte viel an die frische Luft gehen, die Natur spüren. Er sollte wandern oder laufen, um sich im Leib zu spüren. Und dann sollte er die Depression als Mahnung nehmen, sich nicht zu überfordern. Vielleicht sollte er nach jeweils zwei Stunden eine kurze Pause machen, sich selbst wieder spüren. Er sollte die Depression als Aufgabe nehmen, ein neues Maß für sein Leben zu finden und daran üben. Dann wird sie keine Last sein, sondern ihn zu einem authentischen Leben führen.

> Wenn ich Depression als Aufgabe nehme, ein neues Maß für mein Leben zu finden, kann sie zu einem authentischen Leben führen.

*I*m letzten Jahr habe ich drei Todesfälle erlebt. Mein Vater starb plötzlich an einem Herzinfarkt. Meine liebste Tante, der ich viel verdanke, ist nach langer Krankheit gestorben. Und meine beste Freundin erlag dem Krebs, obwohl sie so dagegen gekämpft hat. Und jetzt wurde bei mir selbst die Diagnose Brustkrebs festgestellt. Meine Kinder sind noch klein. Sie brauchen mich. Aber ich habe momentan keine Kraft und auch kein Vertrauen in Gott. Ich habe den Eindruck, dass mir der Boden unter den Füßen weggezogen wird.

Wie kann ich wieder Vertrauen schöpfen?

Ja, viel Leid ist über Sie gekommen. Warum das alles auf einmal kommt, wissen wir nicht. Es hat auch wenig Sinn, über die Warum-Frage nachzudenken. Den Tod Ihres Vaters, Ihrer Tante und Ihrer besten Freundin müssen Sie betrauern. Sie müssen durch den Schmerz hindurchgehen, dass diese drei Menschen von Ihnen gegangen sind und Ihnen jetzt fehlen. Das Betrauern hat als Ziel, dass Sie eine neue Beziehung zu den Verstorbenen aufbauen, dass die Verstorbenen für Sie zu inneren Begleitern werden. Und durch das Betrauern sollten Sie mit sich und Ihrem wahren Selbst in Berührung kommen. Wer bin ich selbst und welche Lebensspur möchte ich in diese Welt eingraben? Die eigene Krebserkrankung erschüttert das eigene Lebensgefühl. Sie haben keine Garantie, dass Ihr Brustkrebs geheilt wird. Aber beten Sie trotzdem zu Gott und stellen Sie sich vor, dass Gottes Segen Sie einhüllt wie ein wärmender und schützender Mantel. Und halten Sie im Gebet Gott Ihre

Krankheit hin. Lassen Sie diese heilende Liebe Gottes in Ihren Körper und auch in Ihre Verzweiflung einströmen. Sie müssen gar nicht vertrauen. Sie müssen Ihre

Lassen Sie die heilende Liebe Gottes in Ihren Körper und auch in Ihre Verzweiflung einströmen.

Verzweiflung nicht überwinden. Aber halten Sie Ihre Ohnmacht, Ihre Zweifel, Ihre Verunsicherung Gott hin. Und stellen Sie sich vor, dass Sie mit all Ihrer Bodenlosigkeit von Gott getragen sind, dass Gottes Liebe Ihren Leib durchdringt. Dann kann Vertrauen wachsen, dass der Krebs geheilt wird. Sie kommen im Gebet in Berührung mit den Selbstheilungskräften Ihrer Seele und Ihres Leibes. Und das ist heilsam für Ihre Erkrankung. Dann bricht Ihre Verzweiflung Sie auf für Gott und für das Geheimnis Ihres eigenen Lebens.

*M*ein Vater ist sterbenskrank. Manchmal spreche ich mit ihm über den Tod. Er gibt mir zu verstehen, dass er weder an Leben nach dem Tod noch an die Auferstehung glauben kann. Seine Einstellung ist nüchtern und zugleich pessimistisch: er werde einfach in der Natur aufgehen. Wenn ich ihm den Glauben der Kirche zu erklären versuche, blockt er ab.

Auch Christen wissen doch nicht, was nach dem Tod wirklich kommt.

Es ist gut, dass Ihr Vater überhaupt über den Tod spricht. Wenn er es nur rational tut, könnte dahinter auch eine Angst vor dem Tod sein. Ich würde ihm mit dem Psychologen C.G. Jung antworten, der einmal sagt: Ob es ein Leben nach dem Tod gibt, kann ich als Psychologe nicht wissen. Aber als Psychologe weiß ich um die Weisheit der Seele. Und die Weisheit der Seele weiß um ein Leben nach dem Tod. Als Psychologe aber ist mir klar, dass es gut ist, auf die Weisheit der Seele zu horchen. Denn wenn ich gegen die Weisheit der Seele lebe, dann werde ich ruhelos und rastlos und neuro-tisch. Also ist es zumindest gesund, an ein Leben nach dem Tod zu glauben. Und ich würde sagen: Ich weiß um alle Zweifel und um die Unmöglichkeit, mir das genau vorzustellen, wie die Vollendung nach dem Tod sein wird. Aber ich setze auf diese Karte. Ich traue den Aussagen Jesu. Und ich traue seiner Zusage an den Schächer: „Heute noch wirst du mit mir im Paradiese sein." (Lk 23,43)

Ich traue der Weisheit der Seele. Sie weiß um ein Leben nach dem Tod. Und ich traue der Zusage Jesu.

Ich möchte eigentlich eine Feuerbestattung, mein Mann ist aber strikt dagegen, weil er denkt, dabei würde auch die Seele des Menschen verbrennen. Ich wiederum finde die Vorstellung, von Würmern aufgefressen zu werden, unangenehm.

Spricht aus christlicher Sicht wirklich etwas gegen eine Feuerbestattung?

Die christliche Tradition war immer Erdbestattung. Aber seit dem Konzil erlaubt die Kirche auch Feuerbestattung. Die Vorstellung, die Sie von Ihrem Leib nach dem Tod haben, ist nicht entscheidend. Der Leib wird auf jeden Fall verwesen, ob mit oder ohne Feuerbestattung. Es ist eher eine Frage der Pietät. Die Trauer braucht einen Ort. Und ein Grab ist von unserer Psyche her sicher ein guter Ort, an dem wir unsere Trauer ausdrücken können. Aber es ist Sache der Mentalität, nicht des Glaubens. Die Seele des Menschen wird sicher nicht verbrennen, wenn der Leib verbrannt wird. Die Seele kommt zu Gott und formt sich in Gott einen himmlischen Leib, wie es Paulus uns im 1. Korintherbrief beschreibt. Die Frage Feuerbestattung oder Erdbestattung ist eher eine Frage für die Hinterbliebenen und ihre Art, die Trauer auszudrücken. Und natürlich ist es eine Frage der eigenen Vorstellungen. Aber Vorstellungen sind immer relativ.

> Die Frage der Bestattung ist eher eine Sache der Mentalität, nicht des Glaubens.

Meine Oma ist nach einem langen Leiden kürzlich gestorben. Ich habe sie sehr geliebt, aber ich war froh, dass ihre Schmerzen vorbei waren. Meine Schwester wirft mir nun Gefühlskälte vor und sagt, ich sei eine schlechte Christin. Sie versteht meine Reaktion nicht.

Ich konnte nicht traurig sein, als Großmutter endlich sterben durfte.

Wir sollen uns nicht von anderen einreden lassen, welche Gefühle wir haben sollen.

Du bist keine schlechte Christin. Du hast Dein Gefühl ernst genommen. Du hast Deine Oma geliebt. Aber Du konntest auch nicht mit ansehen, dass sie solche Schmerzen leidet. Der Tod hat sie von ihren Schmerzen erlöst. Daher konntest Du nicht richtig trauern. Die Freude über ihre Erlösung war stärker als die Trauer. Du musst Dich nicht zu irgendwelchen Gefühlen zwingen. Natürlich wird irgendwann auch die Trauer in Dir hochkommen, dass die Oma nicht mehr da ist, dass Du nicht mehr zu ihr gehen und sie hören kannst. Wenn die Trauer von selbst in Dir aufsteigt, dann sollst Du Dich ihr stellen. Lass Dir nicht von anderen – auch nicht von Deiner Schwester – einreden, welche Gefühle Du haben sollst. Du bist ehrlich. Du empfindest so, wie Du geschrieben hast. Und zu Deinen Gefühlen darfst Du und sollst Du stehen.

*I*n der Familie eines guten Bekannten gibt es einen Alkoholiker. Ich würde gerne helfen, allerdings hat die Familie sich auch bei zahlreichen Gesprächen mir gegenüber nicht geöffnet.

Was tun, wenn jemand sich nicht helfen lassen will?

Einem Alkoholiker kann man nicht helfen, wenn er sich nicht helfen lassen will. Und anscheinend will sich auch seine Familie nicht helfen lassen. Viele Familien decken den Alkoholiker in ihrer Mitte, weil sie sich selbst schämen. Der einzige Weg, der einem Alkoholiker hilft, ist eine Entziehungskur und die Bereitschaft, trocken zu bleiben. Nur wenn der Alkoholiker auf jeden Tropfen Alkohol verzichtet, kann er auf Dauer mit seiner Krankheit leben. Was Sie daher tun können, ist: die Familie auf diese Konsequenz hinweisen. Es ist keine Schande, wenn einer Alkoholiker ist. Und es steht uns nicht zu, irgendwelche Erklärungsversuche zu machen oder Schuld zuzuweisen. Es ist eine Krankheit, die geheilt werden kann. Aber sie wird nur durch Trockenheit geheilt und nicht durch maßvolles Trinken. Der Wille allein hilft hier nicht weiter. Ihre christliche Nächstenliebe kann sich hier nur in Klarheit ausdrücken und in der Hoffnung, die Sie dem Alkoholiker gegenüber nie aufgeben dürfen, in der Hoffnung, dass er es schafft, vom Alkohol weg zu kommen und sich dabei helfen zu lassen.

Der einzige Weg, der einem Alkoholiker hilft, ist eine Entziehungskur und die Bereitschaft, trocken zu bleiben.

Meine Schwester hat vor Kurzem ihren Mann verloren. Nun kann sie nicht mehr an Gott glauben. Ich verstehe das, fände es aber traurig, wenn sie den Halt verlieren würde, den ihr die Kirche bislang gegeben hat.

Wie kann ich meiner Schwester helfen, den Tod ihres Mannes zu verarbeiten?

Sie können Ihrer Schwester nur beistehen, indem Sie ihre Verzweiflung und ihren Groll Gott gegenüber aushalten und nicht bewerten. Auf die Frage nach dem Warum können wir keine Antwort geben. Die Schwester hatte ja vertraut, dass Gott ihren Mann schützt. Das hat Gott so nicht getan. Insofern ist das Gottesbild zerbrochen, das Ihre Schwester hatte. Und ihre Vorstellung vom Leben wurde zerbrochen. Sie hatte vertraut, mit ihrem Mann gemeinsam das Leben zu gestalten und gemeinsam alt zu werden. Die Trauer über diesen Verlust kann man nicht überspringen. Aber die Trauer hat ein Ziel. Sie soll Ihre Schwester zu einer verwandelten Beziehung zu ihrem Mann führen. Der Mann wird von Gott her zum Begleiter für die Familie.

So wäre es gut, wenn Ihre Schwester ihren Mann im Gebet fragen würde: „Was möchtest Du mir sagen? Wie möchtest Du, dass ich jetzt lebe?" Das ist die eine Aufgabe der Trauer, in eine neue Beziehung zum Verstorbenen zu kommen. Die zweite Aufgabe der Trauer ist, dass wir unsere Vorstellungen von uns selbst, von unserem Leben und von Gott zerbrechen lassen. Dann werden wir aufgebrochen zu neuen Lebensmöglichkeiten. Plötzlich stellt sich die Frage: Wer bin ich ohne

meinen Mann? So entsteht die Herausforderung, nach neuen Möglichkeiten
für das Leben zu suchen. Die Vorstellung
von dem Gott, der uns immer schützt, ist
zerbrochen. Wer ist dieser Gott jenseits

Trauer kann man nicht überspringen. Aber die Trauer hat ein Ziel. Sie soll zu einer verwandelten Beziehung zu dem Verstorbenen führen.

meiner Bilder? Wenn ich nach diesem unbegreiflichen
Gott Ausschau halte, wird in mir doch eine Ahnung
auftauchen, dass dieser Gott Liebe ist und dass die Liebe
stärker ist als der Tod. Die Liebe Gottes ist stärker als
der Tod. Aber auch die Liebe des verstorbenen Mannes.
Die Liebe geht über die Grenze des Todes hinaus.

Mein Mann ist vor einem Jahr plötzlich an Herzinfarkt gestorben. Er war erst 45 Jahre alt. Wir hatten so viele gemeinsame Pläne. Wir waren eine glückliche Familie. Jetzt fühlt sich für mich alles grau und leer an. Ich komme nicht darüber hinweg. Wir haben uns immer bemüht, aus dem Glauben heraus zu leben. Aber jetzt fällt es mir schwer, an den barmherzigen Gott zu glauben.

Ich komme nicht aus meiner Trauer heraus.

Es tut weh, wenn der geliebte Mann mitten aus dem Leben gerissen wird. Sie werden die Trauer immer wieder spüren. Die Trauer ist ja auch ein Zeichen Ihrer Liebe zu Ihrem Mann. Aber wichtig ist, dass Sie ein Ziel in der Trauer sehen. Das Ziel ist, eine neue Beziehung zu Ihrem Mann aufzubauen. Fragen Sie ihn, was er Ihnen sagen möchte. Denken Sie über ihn nach: Was ist seine Botschaft an mich? Was wollte er vermitteln? Woraus hat er gelebt? Was wollte er mit seinem Leben erreichen? Versuchen Sie, auf seine Botschaft mit Ihrem Leben eine Antwort zu geben. Stellen Sie sich vor, dass er Sie weiter begleitet und Ihnen den Rücken stärkt. Und versuchen Sie, durch Ihre Trauer hindurch zu gelangen auf den Grund Ihrer Seele. Dort werden Sie erkennen, wer Sie selbst sind, was Ihre tiefste Identität ist und welche Lebensspur Sie in diese Welt eingraben möchten. Bitten Sie Gott, dass er Ihre Trauer immer mehr in neue Lebendigkeit und Wahrhaftigkeit verwandelt. Wenn Sie an Gott denken, denken Sie auch daran, dass Ihr Mann jetzt bei Gott und in Gott ist. Dann bleiben

Sie nicht in der Anklage stecken, sondern erleben Gott als den Raum, in dem Sie auch die Gemeinschaft mit Ihrem Mann auf neue Weise erleben.

Bitten Sie Gott, dass er Ihre Trauer immer mehr in neue Lebendigkeit und Wahrhaftigkeit verwandelt.

*M*ein Mann ist letztes Jahr gestorben. Alle Entscheidungen muss ich jetzt selber treffen. Von den Verhandlungen mit den Behörden und Ämtern fühle ich mich überfordert. Und abends in meinem Bett sehne ich mich so nach meinem Mann und mache ihm Vorwürfe, warum er mich allein gelassen hat. Ich weiß, dass diese Vorwürfe haltlos sind. Trotzdem steigen sie in mir auf.

Die Einsamkeit nach dem Tod meines Mannes lähmt mein Leben.

Es ist verständlich, dass Sie sich allein fühlen, wenn sie solange gut und glücklich miteinander gelebt haben. Zwei Wege fallen mir ein, die Sie gehen können. Der erste Weg: akzeptieren, dass Sie allein sind. Und überlegen Sie, welche Chance in diesem Alleinsein auch liegt. Vielleicht entdecken Sie in sich selbst neue Seiten, neue Fähigkeiten. Das Alleinsein lädt Sie ein, über Ihre eigene Identität nachzudenken. Wer sind Sie für sich selbst, ohne den Mann? Der zweite Weg: Vertrauen Sie darauf, dass Sie nicht allein sind. Ihr Mann begleitet Sie weiterhin. Natürlich können Sie nicht mehr so mit ihm sprechen wie früher. Sie können ihn nicht bitten, für Sie manche Dinge zu erledigen. Und Sie können ihn nicht mehr umarmen. Aber trotzdem dürfen Sie vertrauen, dass er Sie vom Himmel aus begleitet. Fragen Sie ihn also in der Stille ruhig, was er zu diesem Problem sagen würde, wie er sich entscheiden würde. Bitten Sie ihn um Hilfe, er möge Sie von Gott her unterstützen, damit Sie Ihr Leben gut bewältigen. Der Schmerz über das Alleinsein wird trotzdem immer wieder hochkommen. Versuchen Sie, mit Ihrem Leben auf die Botschaft zu antworten, die Ihr Mann durch sein Leben und Sterben an Sie richtet.

Versuchen Sie, mit Ihrem Leben auf die Botschaft zu antworten, die Ihr Mann durch sein Leben und Sterben an Sie richtet.

Mein Mann ist im Krankenhaus gestorben. Ich war nicht dabei, ich habe nicht damit gerechnet, dass er stirbt. Nach der OP hatte alles so gut ausgesehen.

Warum konnten wir nur keinen Abschied voneinander nehmen?

Es tut weh, dass Sie keinen Abschied von ihm nehmen konnten. Doch es ist nie zu spät, Abschied zu nehmen. Natürlich wäre es schön gewesen, wenn Sie nochmals in aller Ruhe Ihren gemeinsamen Weg bedacht und einander gedankt hätten für alles, was der eine dem anderen geschenkt und was er ihm bedeutet hat. Aber es ist jetzt so, ganz gleich, ob Sie es hätten wissen können, dass es mit ihm zu Ende geht, oder nicht. Es ist so, wie es ist. Sie können das Vergangene nicht rückgängig machen. Aber nehmen Sie *jetzt* bewusst Abschied. Schreiben Sie Ihrem Mann einen Brief, in dem Sie ihm alles sagen, was Sie an ihm geschätzt haben, was er Ihnen bedeutet hat und was Sie ihm wünschen. Und dann schreiben Sie auch einen Brief von Ihrem Mann an sich selbst. Überlegen Sie nicht im Kopf, was Sie da schreiben sollen, sondern lassen Sie einfach Ihre Hand schreiben, was von alleine kommt. Und dann bewahren Sie beide Briefe auf. Hören Sie auf, sich Vorwürfe zu machen. Sie sind dankbar für die Worte, die Sie Ihrem Mann geschrieben haben, und für die Worte, die Ihr Mann Ihnen geschrieben hat – auch wenn es natürlich Ihre eigenen Worte sind. Aber dennoch sind Ihre Worte aus einer Tiefe herausgeströmt, in der Ihr Mann selbst Ihnen diese Worte eingegeben hat.

NACHWORT

Liebe Leserin, lieber Leser, Sie haben jetzt viele Fragen und Antworten gelesen. Fragen und Antworten wollen für Sie zum Rat in schwierigen Lebenssituationen werden.

Das deutsche Wort „Rat" bedeutet eigentlich die Mittel, die ich zum Lebensunterhalt brauche. In diesem Sinn gebrauchen wir das Wort in „Vorrat" oder auch in „Heirat" = Hausbesorgung. Wir sind heute vorsichtig, das Wort Ratschlag zu gebrauchen. Viele meinen, ein Ratschlag sei immer auch ein Schlag ins Gesicht. Doch von der Wortbedeutung meint „Ratschlag" etwas anderes: einen Beratungskreis schlagen, also den Kreis für die Beratung abgrenzen.

Die Fragenden, ich als Antwortender und Sie als Leser und Leserin schlagen gleichsam einen Beratungskreis. Wir sitzen zusammen, um miteinander zu überlegen, wie das Leben gelingt, wie wir auf die Herausforderungen des Lebens antworten und wie wir schwierige Situationen bestehen können. Dabei verstehe ich mich nicht als der, der die Antwort weiß. Wir sitzen vielmehr gemeinsam im Beratungskreis. Natürlich sind die Fragesteller und ich als Antwortender die Hauptredner in diesem Beratungskreis. Aber Sie als Leser und Leserin sind genauso aktiv beteiligt. Sie können Ihre eigenen Fragen einbringen und die Fragesteller ergänzen. Und Sie können auch die Antworten in Frage stellen und nachfragen, wie Sie selbst in Ihrer Lebenssituation einen Weg für sich finden können, was für Sie persönlich hilfreich wäre. Nicht jede Antwort wird für Sie passen.

Erheben Sie Einspruch, wenn Ihnen eine Antwort zu einfach erscheint. Und formulieren Sie die Antwort, die Sie auf manche Fragen geben würden. So kann im Lesen ein Gespräch entstehen, in dem wir nicht nur aufeinander hören, sondern auch – wie Friedrich Hölderlin es in seinem Gedicht ausgedrückt hat – voneinander hören. Wir hören vom andern, wie es ihm geht, welche Erfahrungen er gemacht hat. Und wir hören von ihm, wie er sein Leben versteht. Indem wir voneinander und aufeinander hören, bilden wir gemeinsam einen Beratungskreis. Ich wünsche Ihnen als Leserinnen und Leser, ich wünsche den Fragestellern und ich wünsche auch mir selbst, dass wir so aufeinander und voneinander hören und miteinander sprechen, dass wir aufrecht und aufgerichtet aus dem Kreis nach Hause gehen und genügend Rat – Vorrat, Hausrat – haben, um unser Leben gut leben zu können.